Otto J. Schöffl

Schule im Wandel

Schule im Wandel

Gedanken eines ehemaligen Lehrers zu
Schule, Schüler, Eltern, Lehrerkollegen, Di-
rektoren, Schulaufsicht, Schulnoten
Lehrersprüche
Lehrer- und Schulwitze
Kluge Menschen über die Schule
Erziehung ...

Gesammelt und geschrieben
Von

OTTO SCHÖFFL

Edition Dichtermühle

Ich danke meiner lieben Ehefrau Elisabeth Schöffl-Pöll für ihre Unterstützung bei der Erstellung dieses Werkes.

1. Auflage 2011

Copyright by Edition Dichtermühle
O. Schöffl, Waldweg 37, 2020 Hollabrunn
e-mail: schoeffl.dichtermuehle@aon.at

Satz und Layout: Dr. Otto Schöffl

Herstellung und Verlag:
Books on Demand GmbH, Norderstedt
ISBN 978-3-8423-5042-7

INHALT

Meine eigene Schulzeit

Schon meine Großmutter wollte Lehrerin werden. Der Wunsch blieb aus finanziellen Gründen unerfüllt. Meine Mutter wäre gerne und wie ich meine, eine vorzügliche Lehrerin geworden. Nach dem Tod ihres einzigen Bruders musste sie jedoch in der elterlichen Mühle helfen. So war auch ich schon bei meiner Geburt zum Lehrer bestimmt. Es war mir zu diesem Zeitpunkt noch nicht wichtig.

1945, kurz nach Ende des Krieges - russische Soldaten waren in unserer Mühle noch einquartiert - begann meine Schullaufbahn in der Roseldorfer Volksschule. Es war dies eine zweiklassige Schule, wobei die ersten drei Schulstufen in einem Raum gemeinsam von einer ganz jungen Lehrerin, die fast monatlich durch eine neue ersetzt wurde, unterrichtet wurden. Die vierte bis zur achten Schulstufe wurden vom schon recht alten Herrn Direktor unterrichtet. Großen Einfluss hatte auch unser Pfarrer, der sich all zu gut mit unserer jungen Lehrerin verstand. Wenn jemand nicht „brav" war, gab es Schlechtpunkte. An jedem Samstag gab die Frau Lehrerin dem Pfarrer den Zettel mit den Schandtaten der vergangenen Woche. Wir mussten uns in einer Reihe anstellen. Einer nach dem Anderen bekam dann seine „verdienten" Schläge mit einer Rute auf den Hintern. Wer besonders viele Schläge zu erwarten hatte, kam am Samstag mit einem Polster in der Hose, um nicht zu viele Schmerzen zu spüren. Wenn jedoch der Pfarrer dies merkte, gab es doppelt so viele Schläge.

Auch sonst ging es ziemlich roh zu. Besonders die Mädchen hatten es nicht leicht. Vor Beginn des Unterrichtes und in den Pausen griffen die älteren Buben den Mädchen an die Brüste und unter die Kittel. Es gab fast noch keine Hauptschüler in unserem Dorf. Auch körperlich und geistig behinderte Kinder waren in derselben Schule. So waren Vierzehnjährige mit Sechsjährigen in den ersten Schulstufen. Für mich war diese „niederorganisierte Schule" von Vorteil, weil ich schon in der ersten Schulstufe mithörte, was man in den höheren Schulstufen zu lernen hatte.

Mit neun Jahren kam ich in die zweite Klasse zu den „Großen". Unser Herr Direktor, der ab jetzt unser Lehrer war, war gutmütig, wenn er seine Ruhe hatte. Die Unterrichtszeit dauerte von 8 Uhr bis 11 und von 12 bis 14 Uhr. Am Vormittag wurde ein wenig unterrichtet und um 12 Uhr legte der Direktor täglich einen Stoß Zeichnungen von ehemaligen Schülern auf das Lehrerpult. Jeder sollte eine aussuchen und abzeichnen. Er selbst machte sein Mittagsschläfchen bis 14 Uhr. Wenn es laut wurde und er erwachte, war er wütend, schrie, schimpfte und schlug die Rädelsführer. Nach Weihnachten fragte er, wer von uns die Hauptschule besuchen wolle. Wir waren drei mit diesem Ansinnen. Nun begann er uns all jenes zu lehren, was er eigentlich allen hätte beibringen sollen. Für das Landleben brauche man ja außer Lesen, Schreiben und einfaches Rechnen kein Wissen, war seine Meinung. Meine Eltern hatten damals ein Dienstmädchen aus dem Dorf eingestellt, das trotz acht Jahren Volksschulbesuch nicht Lesen und Schreiben konnte. Sie war nicht die Einzige Analphabetin.

Für mich war die Volksschulzeit die schönste Zeit in meinem Leben. In der Schule kein Lernstress, nach der Schule Freiheit. Wir Buben warfen unsere Schultaschen in eine Ecke und durchstreiften die dörfliche Freiheit. Jetzt meine ich zu ahnen, warum das Dorf mit seiner Umgebung „Freiheit" heißt. Erst nach Einbruch der Dunkelheit liefen wir heim. Dort empfing man uns regelmäßig mit Schimpfen und Schlägen. Und war es gar zu spät, kein Abendessen und sofort ins Bett. Dazu die Drohung, uns sehr früh zu wecken, damit wir noch die Schulaufgaben machen könnten. Unser Dienstmädchen hatte jedoch Erbarmen und uns meist noch etwas zum Essen ins Bett geschmuggelt. Um mich mehr ans Haus zu binden, musste ich bereits mit sieben Jahren Klavierspielen lernen. Jede Woche fuhr ich mit einem viel zu großen Fahrrad in das vier km entfernte Röschitz, wo ich bei einer alten Klosterschwester Klavierunterricht bekam. Täglich war ich von nun an angehalten, eine Stunde lang auf dem nostalgischen Konzertflügel zu sitzen und zu üben. Der Lärm aus unserer Mühle war so laut, dass man nicht hörte, wenn ich statt zu spielen lieber dicke Bücher las...

Am Ende meiner Volksschulzeit fuhr meine Großmutter mit mir in die Bezirksstadt Hollabrunn, um mich im Internat des Erzbischöflichen Seminars anzumelden. Ich sollte dort das Gymnasium besuchen. Unser Pfarrer musste für das Vorgespräch ein positives Zeugnis über mein religiöses Leben und auch über das meiner Eltern mitgeben. Der Rektor fragte mich über meinen Berufswunsch. Die Großmutter antwortete für mich: „Er will Lehrer werden." Damit war aber unser Besuch schon zu Ende, weil uns gesagt wurde, dass man in diesem Hause nur Priester werden könne. Als Ausbildungsweg für einen Lehrer empfahl man mir die Hauptschule Strebersdorf und anschließend die Lehrerbildungsanstalt ebendort. So wurde ich im 60 Kilometer entfernten Internat bei den Schulbrüdern eingegliedert. Als ich mit zehn Jahren aber aus meinem idyllischen Weinviertler Heimatdörfchen ins Internat übersiedeln musste, war ich nicht begeistert. In der Nachkriegszeit durften wir Zöglinge nur dreimal jährlich mit dem Zug nach Hause fahren.

Das Leben im Internat bestand aus einem streng geregelten Tagesablauf. Militärische Disziplin. Ich kam ja 1949, also in der unmittelbaren Nachkriegszeit dorthin. Wir begegneten ausschließlich Buben und Männern, letztere als Erzieher und Lehrer. In der Klassengemeinschaft musste man sich erst seinen Platz erobern und behaupten. Wir waren ja 24 Stunden täglich eng beisammen: 40 Buben aus den verschiedensten Gegenden Ostösterreichs. In der Nacht im Schlafsaal war hingegen noch eine zweite Klasse da. Ein unüberschaubarer Saal mit über siebzig Stahlrohrbetten mit je einem Sessel und an den Wänden siebzig schmale Spinde mit unseren Habseligkeiten. Es gab für niemanden einen persönlichen Ort, an dem man einmal alleine sein konnte. Auch nicht am WC. Man musste für die entsprechende Verrichtung auch in der „Freizeit" an der Türe stehen, bis man die Erlaubnis bekam. Dann fasste man einige Stück Zeitungspapier aus und ging aufs Klosett. Verweilte allerdings jemand dort zu lange, wurde er geholt.

Die übertriebene Strenge bei der Internatserziehung machte mir zu schaffen. Es gab für alles drakonische Strafen. Für Reden auf den Gängen, Dialekt sprechen, Bett nicht mustergültig machen, Spind nicht exakt einräumen, Lesen in der Studierzeit, ...

Noch jetzt, nach sechzig Jahren, bekomme ich ein ungutes Gefühl, wenn ich an die Chorstunden denke. Mit zehn Jahren wurde ich zum Schulchor eingeteilt. Wir sangen lateinische Messen. Als Bub hatte ich Probleme mit dem Lesen des lateinischen Textes. Gleichzeitig sollte ich aber stets zum Bruder Chorleiter schauen. Für mich unmöglich! So gab es oftmals Schelte und Ohrfeigen. Ich denke, viele Ge- und Verbote wurden nur erlassen, um strafen zu können, Macht auszuüben. Spaziergang in Dreierreihe.

Viel Freude machten mir die herrlichen Sportanlagen und die vielen Sportmöglichkeiten!

Der Unterricht machte mir keine Probleme. Entsprach man bei einer Prüfung nicht, bekam der Erzieher, genannt Präfekt, Order und man musste nachlernen. Es war damals schon eine Form von Ganztagesschule.

Älter geworden, war das gänzliche Fehlen des Weiblichen sehr spürbar. Bis zu meinem 19. Lebensjahr hatte ich keine einzige Mitschülerin und keine Lehrerin. Aus finanziellen Gründen wurde sogar das weibliche Personal in der Küche und zum Reinigen gekündigt und wir mussten selbst den Küchendienst übernehmen.

Wir hatten unseren Klassenraum, gleichzeitig Aufenthaltsraum, im zweiten Stock. Wenn unten auf der Straße ein weibliches Wesen vorbeiging, stürzten wir alle zum Fenster und brüllten werbende und zotige Sprüche hinab. In den kurzen Ferien zu Hause mussten natürlich die Erfahrungen mit Mädchen eilends nachgeholt werden!

Ähnlich ist dieses Problem heutzutage in manchen öffentlichen Schulen. Im Kindergarten Kindergärtnerinnen, in den Volksschulen Lehrerinnen, in den höheren Schulen überwiegend weibliches Lehrpersonal. Wenn ich bedenke, dass ein großer Teil der Kinder von alleinerziehenden Müttern erzogen werden, kann ich nachvollziehen, dass das Männliche der heranwachsenden Jugend, vor allem aber den Buben, sehr fehlt.

Dass auch den Klosterbrüdern das Weibliche sehr fehlte, merkte man unter anderem daran, dass fast alle Glaubensstunden die Sexualität in irgendeiner Form zum Thema hatten. Oft wurde man vom Präfekt zur persönlichen Aussprache geholt, und auch dabei kam dieses Thema oft zur Sprache. Mir sind aber in meiner Internatszeit keine direkten sexuellen Übergriffe bekannt. Vielleicht deshalb, weil unser Präfekt eine Freundin in Wien hatte. Jeden Donnerstag tauschte er Kutte mit Anzug und parfümierte sich übertrieben, wenn er in die Wienerstadt zog.

Ein Nachteil der Internatserziehung ist meines Erachtens, dass man in seiner engeren Heimat entwurzelt wird. Das innige Verhältnis zu den Eltern und Geschwistern leidet. Ich hatte oft das Gefühl, daheim nur Gast zu sein. Für die ehemaligen Freunde und Spielgefährten war ich auch nicht mehr der Gleiche wie früher. Das Leben im Heimatdorf wurde mir fremd, ich wurde meinen Freunden fremd.

Ein weiteres Problem machte mir zu schaffen: Meine Eltern mussten monatlich 400,--Schillinge für meine Schule bezahlen. Unser Dienstmädchen bekam 70,-- und der Müllergeselle 80,--Schilling monatlich. Für mein Internatsgeld hätten die Eltern sich fünf Müllergesellen leisten können und nicht so schwer arbeiten müssen.

Nach neun langen Jahren war ich endlich im Alter von neunzehn Jahren stolzer Pflichtschullehrer. Unsere Ausbildung war umfassend. Neben dem Maturastoff wurden wir in jedem Gegenstand auch zum Landlehrer ausgebildet. So wurde in Musikerziehung etwa verlangt, einen Chor leiten zu können und das Orgelspiel zu beherrschen. In Geschichte wurden wir zur Heimatforschung angeregt, in Deutsch lernten wir, eine Bibliothek anzulegen... In den letzten zwei Jahren waren wir wöchentlich je einen Tag in unserer Übungsschule, einer Volks- und einer Hauptschule, in der wir bereits Unterrichtsstunden zu halten hatten. Ich erinnere mich noch an meine erste Unterrichtsstunde als „Lehrer". Es war eine Zeichenstunde in der dritten Klasse Volksschule. Ich hatte mit den Schülern den Wiener Stephansturm zu zeichnen. Dazu war nötig, vor den Augen der Schüler diese Kirche an die Tafel zu malen. Dabei aren meine 22 Schulkameraden, der Übungsschullehrer und mein Pädagogikprofessor kritische Beobachter. Nach jeder solchen Übungsstunde wurde das Gelungene oder auch weniger Gelungene bis ins kleinste Detail besprochen und benotet.

Als naturwissenschaftlich begabter Mensch hatte ich in meiner ganzen Schulzeit fast keine Zeichnung selber gemacht, sondern die Zeichnungen von begabten Schulkameraden für mich erledigen lassen. Diese bekamen dafür Mathematikbeispiele von mir. Wie sollte ich also jetzt den Stephansdom zeichnen, noch dazu auf der großen Tafel? Ein Freund zeichnete und malte für mich ein wunderschönes Bild. Ich versuchte es selbst, aber ohne Erfolg. Da kam mir in der Geometriestunde die rettende Idee. Ich legte ein Koordinatensystem über die Zeichnung, merkte mir die Koordinaten der wichtigsten Eckpunkte der Kirche und musste die Punkte nur noch verbinden. Meine Zeichenstunde wurde ein Erfolg.

Auch eine Religionsstunde in einer vierten Hauptschule ist mir noch in Erinnerung. In dieser hatte ich über die Kreuzzüge zu lehren. Die Schüler waren nur drei bis vier Jahre jünger als ich.

Für jede Unterrichtsstunde die wir zu halten hatten, musste eine exakte Vorbereitung geschrieben und dem Professor vorgelegt werden: Lehrziel, Methoden, Merkstoff, Tafelbild, Zusammenfassung,…

Für mein späteres Lehrerleben am Gymnasium habe ich in dieser Übungsschule Vieles gelernt.

In den sogenannten Landschulwochen hatten wir in einer einklassigen Dorfschule gleichzeitig Schüler von sechs bis vierzehn Jahren zu unterrichten.

Beim zuständigen Bezirksschulinspektor meldete ich mich also, um einen Posten als Lehrer zu bekommen. Sehr freundlich sagte er mir, dass er sich freue, einen jungen Lehrer zu bekommen. Ich müsse nur noch etwa drei bis fünf Jahre auf eine freie Stelle warten. Was also tun in der Zwischenzeit? Ich inskribierte an der Universität Wien. Für mich kam nach der im Vorfeld erwähnten Prägung nur der Lehrberuf in Frage.

Überraschender Weise kam bereits vier Monate später eine Einladung, nach der ich mich umgehend in Pleissing-Waschbach an der Grenze zur damaligen Tschechoslowakei zum Dienstantritt als Volksschullehrer zu melden hatte. Noch heute wundere ich mich über diese schon damals seltsame Planung in der Schulverwaltung.

Da ich aber am Studentenleben mittlerweile Gefallen gefunden hatte, blieb ich Student an der Universität und ging nicht nach Pleissing-Waschbach.

Nach weiteren fünf Jahren hatte ich nach Werkstundententum (Nachhilfestunden, Schneeschaufeln, Lastkraftwagenfahrer am Naschmarkt, Gelegenheitsarbeiten in Schweden, Arbeiten in der elterlichen Landwirtschaft) mein Studium der Physik und Mathematik abgeschlossen und startete als Gymnasiallehrer. Nach drei Jahren Unterrichtstätigkeit am Gymnasium Amstetten, das Hunderte Kilometer von meinem Heimatort entfernt liegt, landete ich endlich durch Protektion in meinem Heimatbezirk im geliebten Weinviertel. Inzwischen hatte ich zum Doktor der Philosophie in Astronomie promoviert und ein nettes Mädel kennen gelernt, mit dem ich eine Familie gründen konnte.

Nach einem Jahr Unterricht an der Handelsakademie lehrte ich mit großem Engagement bis zu meiner Pensionierung am Bundesgymnasium in Hollabrunn die Fächer Mathematik und Physik und war mit großem Einsatz als Berufsberater tätig. Am Pädagogischen Institut konnte ich dann als Dozent meine Erfahrungen an junge Kollegen weitergeben.

Schulreform

Österreich leistet sich das teuerste Schulsystem und erzielt bescheidene Ergebnisse im Leistungsvergleich der Europäischen Länder. Deshalb wurde, seit ich im Schuldienst war, ständig von einer Schulreform gesprochen. Jede noch so kleine Änderung wurde als solche angepriesen, geändert hat sich kaum etwas.

2009 wurde als neue Erkenntnis in der VS die Zusammenlegung mehrerer Altersstufen eingeführt. Ich kann mich nur wundern über diese so „neue" Erkenntnis der Wissenschaft, da ich in der Nachkriegszeit genau diese Form des Unterrichts genossen hatte.

Im selben Jahr wurden auch die drei Leistungsgruppen in den HS abgeschafft, die man vor nicht allzu vielen Jahren als große Neuerung eingeführt hatte.

Das sind nur zwei Beispiele für Schulreform. Für eine richtige Reform scheinen Mut und politischer Konsens zu fehlen.

Einige Beispiele von Missständen, die ich persönlich erlebt habe:

Nach Abschluss meines Studiums schlug ich den offiziellen Weg in den Schuldienst ein, nämlich über den Landesschulrat. Dieser bot mir zwei Schulorte zur Auswahl an: Amstetten und Gmünd. Als begeisterter Weinviertler mit Wohnort im Bezirk Hollabrunn meldete ich mich schweren Herzens zum Dienstantritt in Amstetten. Die Zusage kam zwei Tage vor Schulbeginn, also Samstag, per einge-

schriebenem Brief. Das hieß Unterrichtsbehelfe und persönliche Utensilien einpacken und einen Tag später, am Sonntag, nach Amstetten fahren. Dort in der Eile ein billiges Quartier suchen und Montag bereits zur Schule. Der Herr Direktor wies mir die Klassen für das kommende Schuljahr zu. Es waren dies: Eine 1. Klasse mit 48 Schülern, denen ich als Klassenvorstand in Mathematik vorzustehen hatte; eine 2. sowie eine 5. Klasse in Mathematik; zwei 2. Klassen und zwei 6. Klassen in Physik. Es war dies mehr als eine volle Lehrverpflichtung. Zusätzlich hatte ich noch eine bestimmte Stundenzahl bei meinem einführenden Lehrer in dessen Klasse zu verbringen. Ich war einer der wenigen Lehrer, die keinen freien Wochentag zwecks Erholung vom Schulstress genießen konnten. Als "Neuen" hatte man mir noch dazu eine sehr schlechte Stundenplaneinteilung zugewiesen, d.h. viele "Löcher", sodass ich zahlreiche unbezahlte Supplierstunden für meine Kollegen in fremden Klassen zu halten hatte. Es war eine harte, aber überaus lehrreiche Zeit für mich. Dazu kommt, wie ich in meiner Lehrerlaufbahn leider oft erleben musste, dass ein in der Schule neu ankommender Lehrer immer die unangenehmsten und schwierigsten Klassen zugeteilt bekommt. Jeder Lehrer, der eine Klasse abgeben muss, gibt logischer Weise seine unangenehmste Klasse ab. Als ich diese Tatsache hinterfragte, hieß es, die Neuen müssten eben lernen und sich durch Schwierigkeiten durchkämpfen.
In meinem ersten Dienstjahr fragte ich Kollegen, ob ich bei ihrem Unterricht zuhören dürfe, es war mir

nur bei meinem Einführungslehrer erlaubt worden. Dieser war aber leider kein positives Vorbild.

Knapp vor Weihnachten bekam ich mein erstes Gehalt. Wovon ich die vier Monate von September an lebte? Meine Eltern mussten mich erhalten, und mein Sparschwein wurde geschlachtet. Dazu kam, dass die Anfangsgehälter damals erstaunlich niedrig waren. Ich erhielt 1.200,- S monatlich. Damit konnte ich mein bescheidenes Leben, das ich als Student gewohnt war, gerade noch weiterführen. Aufbessern konnte ich meine finanzielle Lage dadurch, dass ich alle 14 Tage heim ins Weinviertel fuhr. Dort hatte meine Mutter ja inzwischen meine Wäsche gewaschen und zu Bündeln gepackt. Ich selbst deckte mich jeweils bei einem Weinbauern mit Wein ein, den ich nach Amstetten transportierte. Meine Zimmerfrau übernahm den Vertrieb der Weinflaschen. So hatte sie eine Beschäftigung und ich ein zusätzliches Einkommen.

Trotzdem war diese erste Zeit als Lehrer interessant und enorm lehrreich. Die Unterrichtsvorbereitungen, die ich mir damals erarbeitete, waren noch viele Jahre starkes Gerüst für weiteres Unterrichten. Ich verstehe bis heute nicht, warum fast kein Erfahrungsaustausch und Austausch von Unterrichtsmaterial zwischen den Lehrern stattfindet. Aus Unsicherheit lässt man sich nicht in die Karten blicken. Erst als meine eigenen drei Kinder Schüler im Gymnasium waren, hatte ich Einblick in die Arbeit meiner Kollegen. Oftmals war diese ganz anders als ich vorher vermutet hatte. Da erst lernte ich gute und leider auch weniger gute Lehrerarbeit kennen.

Der Schulalltag

Der Lehrer steht vor der Klasse und versucht ca. 25 nur mäßig interessierten Schülern seinen Stoff beizubringen. Er ist von der Wichtigkeit seines Faches im Allgemeinen überzeugt und kann nur schwer verstehen, dass die Schüler es nicht sind. Je nach Fach und Kapitel werden etwa vier Schüler interessiert mitarbeiten, der Rest, wenn überhaupt, nur mit halber Kraft, abhängig von vielen Faktoren. Knapp vor den Ferien oder knapp nach diesen ist Lehren mühsamer, in der ersten Unterrichtsstunde und in den letzten ebenfalls. In der ersten Stunde stören die zu spät kommenden Schüler, ab der vierten Stunde sind bereits Ermüdungserscheinungen zu verzeichnen. Wenn eine schwere Schularbeit bevorsteht, diese eben vorbei ist oder die Ergebnisse eben bekannt gegeben wurden. Bei irgendwelchen Problemen in der Klasse zwischen den Schülern, zwischen Lehrern und Schülern, bei häuslichen Problemen,…All dies muss der Lehrer ansprechen und wenn möglich ausräumen bevor er versuchen kann, seinen Stoff an die Schüler heran zu bringen. In manchen Fächern ist der vorgeschriebene Lehrstoff nicht altersgemäß. Auch sind manche Kapitel unzeitgemäß und uninteressant. Die Glühbirne ist bereits verboten, die Fernsehröhre kauft niemand mehr,… im Physikunterricht lebt dieses alte Wissen hingegen weiter.
Vor allem in der Pubertät findet man Schüler/innen verschiedener Entwicklungsstufen. In einer achten

Schulstufe sitzen kindliche Buben neben „erwachsenen" Frauen. Muss sich der Lehrer an die Kinder oder die „Erwachsenen" wenden? Wahrscheinlich ist dies mit ein Grund, warum Mädchen in der Schule oft bessere Leistungen und bessere Noten verzeichnen können.

Ein weiteres Problem des Unterrichtes ist Folgendes: Der Lehrer kommt im besten Fall gut vorbereitet in die Klasse. Er weiß genau, was er in dieser Stunde „an den Mann, die Frau" bringen will. Er will sich auch durch Fragen interessierter Schüler nicht allzu viel aufhalten lassen. Der Schüleranwalt, Dr. Andreas Salcher, meint: „In unseren Schulen wird zu viel unterrichtet und zu wenig gelernt." Es sollte doch jeder Schüler in seinem Tempo lernen können und trotzdem persönliches Feedback bekommen. Außerdem kommt meist im herkömmlichen Unterricht der Spaß zu kurz. Es fehlt der Humor und damit die Lust am Lernen.

Nach 2 1/2 Jahren als Lehrer musste ich meinen Militärdienst leisten. Hätte mein Direktor mir bestätigt, dass ich als Lehrer unentbehrlich wäre, so hätte ich nicht zum Bundesheer einrücken müssen. Er war aber begeisterter Soldat des Zweiten Weltkrieges und meinte, dass der Dienst mit der Waffe, wie er es nannte, keinem schadet. Er nahm dafür in Kauf, dass einige Klassen keinen Physikunterricht hatten. Ich habe als Soldat mein Gewehr nur am ersten und letzten Tag in der Hand gehabt, nämlich als ich es in Emfpang genommen und wieder abgegeben habe.

Mein Wehrdienst war aber trotzdem wichtig für

mich als Lehrer. Erstens wurde ich nach der Grund-
ausbildung vom Dienst freigestellt, um dem Sohn
eines höheren Offiziers als kostenloser Nachhilfeleh
rer durch seine Matura zu helfen,dabei konnte ich
sehen, welche Leistungen für eine
Mathematikmatura damals verlangt wurde. Zweitens war ich einige Wochen lang als Chauffeur beim
damaligen Generaltruppeninspektor Erwin Fusse-
negger engesetzt. Dieser versprach mir Hilfe, um in
mein geliebtes Weinviertel als Lehrer versetzt zu
werden. Ich lernte die Macht der Protektion kennen,
als ich bald darauf meine Versetzung nach Hollabrunn bekam. Dort war zwar kein Bedarf an Lehrern, sodass ich mit wenigen Stunden als Assistent
des Handarbeitslehrers eingesetzt wurde und in der
neugegründeten Hak/Hasch aushalf. Mein zweites
Jahr in Hollabrunn war sehr anstrengend. Der Mathematiklehrer der beiden 8. Klassen wurde als Direktor in eine andere Schule berufen. Da niemand
von den erfahrenen Lehrern diese Klassen zur Matura führen wollte, bekam ich diese Aufgabe zugeteilt. Ich hatte noch keine 6. und 7. Klassen unterrichtet, es gab keine Bücher für die 8. Klasse, weil
wieder einmal eine von diesen „Schulreformen"
stattfand und so werkte ich eben. Aus verschiedenen Mathematikbüchern suchte ich Stoff und
Übungsbeispiele zusammen, mit alten Spiritus-
Abziehmaschinen vervielfältigte ich. Interessantes
Detail: In einer der beiden Maturaklassen waren die
Tochter und der zukünftige Schwiegersohn meines
Direktors, sodass dieser Einzelheiten von meinem
Unterricht brühwarm, aber durch die Brille der

Schüler, erfuhr. Mein Vorgänger als Lehrer dieser Klassen war ein hervorragender Pädagoge und seelensguter Mensch. Er ging etwa während der Schularbeit durch die Reihen und machte auf Fehler aufmerksam, sodass keine ungenügenden Arbeiten entstanden. Diese Methode widerstrebte mir. Dennoch führte ich die Schüler dieser beiden Klassen anstandslos zur Matura. Ich habe sogar noch heute guten Kontakt mit vielen dieser ehemaligen Schülerinnen und Schüler.

Ein weiteres Schulproblem ist meines Erachtens die Tatsache, dass so wie in jedem Beruf, es sehr gute und engagierte und leider auch andere Vertreter des Berufsstandes gibt. Wenn aber ein Lehrer einmal im Schuldienst ist, kann er kaum mehr wegkommen. Er hat ja nichts anderes gelernt und es gibt für ihn kaum andere Beschäftigungen. Außerdem ist er ja pragmatisiert, also unkündbar. Wenn ein Maturant in Religion nicht die 10 Gebote kennt, wenn ein Geografiematurant auf der Landkarte nicht Paris findet oder ein Maturant seine drei Fragen in einem Gegenstand schon Monate vorher kennt und armselig wirkt, wenn der Vorsitzende eine Zwischenfrage stellt, dann liegt sicher Einiges im Argen. Ich habe einen Kollegen erlebt, der sein ganzes Lehrerdasein nur in ersten und zweiten Klassen gefristet hat, weil er nicht fähig war, in höheren Klassen zu unterrichten. Es ist schwierig für Schüler und Lehrer, wenn ein Kollege in der Unterstufe des Gymnasiums wenig arbeitet, vor allem bei einem aufbauenden Fach. Früher musste ein Gymnasiallehrer zwei Fächer studieren, heute genügt ein so genanntes Hauptfach und ein Nebenfach. Dieses Nebenfach darf er nur in der Unterstufe unterrichten und so weiß er, dass er die Schüler nur bis zur 4. Klasse bringen muss. Dazu kommt noch, dass ein Schüler, der das Lehrziel in einem Gegenstand der 4. Klasse nicht erreicht, trotzdem eine positive Note bekommt, wenn er verspricht in eine andere Schule zu wechseln. Es kommt aber oft vor, dass er dann überraschend doch in der 5. Klasse derselben Schule bleibt.

Mit der Zentralmatura, die ab 2013 kommen soll, soll ein Anfang gemacht werden, um einheitliches Niveau, zumindest in den Hauptgegenständen, zu erreichen.

Als junger Lehrer konnte ich meine fachliche Kompetenz in meinen erlernten Fächern Mathematik und Physik einbringen, eine gewisse pädagogische Kompetenz, meine Begeisterung für meinen Beruf und eine Liebe zu meinen Schülern. Ich fühlte mich in den ersten Dienstjahren fast gleichaltrig wie meine Schüler, einige Jahre später wie die Väter meiner Schüler/innen. Bei den Wandertagen merkte ich dies besonders deutlich. Ich war zwar Erster, aber Erster unter Gleichgestellten, primus inter pares. Daher gab es keinen „Aufpasser". Obwohl ich mit 48 Schülern ohne Begleitlehrer unterwegs war, gab es keinerlei Schwierigkeiten. Alle waren glücklich, hatten wir doch auch gemeinsam den Ausflug geplant. Schüler und auch deren Eltern erzählten mir auch private Dinge. Obwohl ich froh war, soviel Vertrauen zu besitzen, stellte die Vielzahl von Sozialkontakten die größte Berufsbelastung dar, größer als das

Unterrichten selbst.

Im Laufe meines Lehrerlebens wurde der Abstand an Jahren zu meinen Schülern größer und unser Verhältnis anders. Immer habe ich mich aber um ein gutes Verhältnis bemüht. Wir besprachen etwaige Probleme miteinander. Ich ließ mir, wenn die Schüler Zeugnisse bekamen, auch von diesen Zeugnisse schreiben und besprach diese mit ihnen. Immer mehr konnte ich meine Praxiserfahrung einbringen. Nie in meiner Lehrerlaufbahn gab es Beschwerden über mich bei Direktion oder Landesschulrat. Bei einer Klassenkonferenz, wo eine Mutter sich über mich beschwerte, hatten Schüler dieser Klasse mich verteidigt.

In immer größerem Maße muss der Lehrer heutzutage Erziehungsaufgaben übernehmen. Häufigste Themen zwischen den Lehrern in den Pausengesprächen sind solche mit folgendem Inhalt: "Du, der Alexander aus deiner Klasse ist heute wieder unmöglich...". Die Pausen zwischen den Stunden sind aber dadurch keine Erholung. Dadurch gibt es ungenügende Vorbereitung und Einstimmung auf die kommende Unterrichtsstunde. Nach solch anstrengender „Pause" kam ich einmal erschöpft in meine Klasse. Am Ende dieser Unterrichtsstunde kam ein Schüler zu mir und sagte:" Herr Professor, Sie waren zu Beginn der Stunde ziemlich schlecht drauf. Ich glaube aber wir haben Sie gut aufgebaut, denn zum Schluss waren Sie wieder lustig." Es hat mir zu denken gegeben, dass die Schüler mich aufbauen mussten.

Da Unterricht auch Kommunikation ist, sollte bereits

in der Lehrerausbildung Kommunikationstraining und Teamarbeit einen großen Platz einnehmen. Einhergehend mit Begriffen wie Schulautonomie, Schulprofil, handlungsorientierter Unterricht, Gewalt an den Schulen, Drogenprävention, kann Schule ihren Auftrag nur erfüllen, wenn die Mitglieder sich als Team verstehen. Gefordert ist die Bereitschaft zu mehr Zusammenarbeit, Kommunikation und Auseinandersetzung mit dem Kollegium. Das bedeutet für den Lehrer zwar, dass eine zusätzliche Arbeitsbelastung auf ihn zukommt, der Gewinn bei dieser Art von Arbeit liegt jedoch darin, gemeinsam etwas zu erarbeiten, durchzuführen, Probleme gemeinsam zu lösen und gemeinsam für Erfolg oder Misserfolg verantwortlich zu sein. Wenn wir derartige Arbeitsweisen von unseren Schülern verlangen, weil sie als so genannte Schlüsselqualifikationen auch von der Schulaußenwelt eingefordert werden, dann müssen wir sie unseren Schülern vorleben und sie mit ihnen gemeinsam erarbeiten.

Es war für mich erschütternd, als ich lesen musste, dass die Lebenserwartung des Lehrers geringer ist als die in anderen Berufen und die Burn-out-Rate höher. Dies zeigte mir, dass Lehrer zu wenig auf ihre Gesundheit achten.

Zugegeben: Das ist auch nicht ganz einfach. Öffentliche Missachtung für einen Berufszweig, Politikerschelte, Eltern, die meinen, es handele sich bei dem Lehrerberuf um etwas, was jeder kann, Zweifel über die eigene Erfolglosigkeit - all das ist nicht gerade ein Garant für Berufszufriedenheit. Emotionale Unterstützung gibt es derzeit im Gegensatz zu andern

Ländern von außen kaum. Deshalb ist es umso wichtiger, dass Lehrer für ihre emotionale Gesundheit kämpfen, an ihr arbeiten. Dieser Kampf kann und muss in der Schule geschehen. Ein Weg in die richtige Richtung ist sicher, die Sprachlosigkeit, die in den Kollegien teilweise herrscht, zu überwinden. Ganz wesentlich, ja fast überlebensnotwendig, ist aber auch für den Lehrer, dass es für ihn ein "Leben" außerhalb der Schule gibt. Ein Lehrer, der das nicht beachtet, handelt fahrlässig gegenüber seinen Schülern. Er ist oft krank, schlecht gelaunt und zu sehr auf Schule fixiert. Gegenüber seinen Kollegen - die müssen ihn im Krankheitsfall vertreten, was wiederum zu einer höheren Belastung führt - und gegenüber seinem Lebenspartner oder der Familie.

Wer wird Lehrer und warum?

Welche Voraussetzungen muss man für den Lehrberuf mitbringen? In meiner langjährigen Tätigkeit als Lehrer und Berufsberater musste ich erleben, dass mitunter nicht die innovativsten und tüchtigsten Maturanten Lehrer wurden. Wenig mutige, oftmals Mädchen, wählten den Lehrberuf. Diesen Beruf kannten sie von ihrer eigenen Schulzeit und so meinten sie, nur den Platz im Klassenzimmer wechseln zu müssen – fortan vorne im Klassenzimmer zu sitzen - statt hinten.

Es gibt auch bislang praktisch keine Aufnahmebedingungen oder Tests zur Lehrerausbildung.

Das Studium an den Universitäten zum Gymnasiallehrer ist eine fast reine wissenschaftliche Ausbildung. Trotzdem habe ich bei meiner Arbeit am Pädagogischen Institut erfahren müssen, dass junge Geschichtslehrer mit Angst in ihre Klassen gehen, weil sie mit dem Lernen des Stoffes, den sie vortragen, nur etwa eine Stunde vor ihren Schülern sind. Sie haben bei ihrem Studium von einer bestimmten Epoche spezielles Wissen erworben, von anderen Zeiten aber nur sehr wenig.

Erst nach der Anstellung als Lehrer steht man das erste Mal allein vor einer Klasse und unterrichtet. Das einzige Vorbild ist in manchen Fällen ein Lehrer aus der eigenen Schulzeit. So soll Fortschritt von Methoden und Unterrichtsgestaltung passieren?

Ist es da ein Wunder, wenn im Lehrberuf überdurchschnittlich oft „Burn out" vorkommt? Warum gibt es für überforderte Lehrer keine Möglichkeiten, in eine andere Beschäftigung umzusteigen?

Ich hatte das große Glück, in meiner Ausbildung zum Pflichtschullehrer gut auf meine spätere Arbeit mit Schülern am Gymnasium vorbereitet worden zu sein.

Im Alter von 30 Jahren absolvierte ich eine dreijährige Ausbildung zum Erwachsenenbildner. Dies war, obwohl ich schon jahrelang als Lehrer gewerkt hatte, ein neue Welt für mich. Gruppenarbeiten, Lern-Circle und andere sanfte und starke Methoden. Ich lernte die Gesprächstherapie nach Carl. R. Rogers kennen, wonach die Selbstverwirklichung und Selbstentfaltung des Klienten im Mittelpunkt stehen und positive Kräfte und Ressourcen herausgehoben werden. Diese Theorie ließ sich gut auf meine Lehrtätigkeit in der Schule übersetzen. In einem gruppendynamischen Seminar wurde die Persönlichkeit jedes Einzelnen in Puzzle-Teile zerpflückt und schließlich wieder zusammengesetzt.

Es folgten zahlreiche Weiterbildungs-Wochenenden zur Praxisarbeit. Ergebnisse und Erfahrungen konnte ich im Schulalltag positiv einbringen. Im Bemühen, die Erkenntnisse an Kolleginnen und Kollegen weiterzugeben, scheiterte ich jedoch meist.

Schule (lat. Schola) Ursprungsbedeutung: „freie Zeit", „Müßiggang, Nichtstun", „Muße", später „Studium, Vorlesung", auch Bildungsanstalt oder Lehranstalt genannt, ist eine Institution, deren Aufgabe die Vermittlung von Wissen und Können durch Lehrer an Schüler ist. Die Schule grenzt sich insoweit von der Hochschule oder der Universität ab, dass die Forschung nicht zu ihren originären Aufgaben zählt.

Lebenslanges Lernen: Der Staat gibt jährlich 13 Milliarden für die Schulen aus aber nur 1 Milliarde für das lebenslange Lernen, sprich Weiterbildung.

Meine Direktoren

Schuldirektoren sind in der gleichen Weise wie ihre Lehrer ausgebildet. Sie haben aber Aufgaben zu erfüllen, für die sie keine Ausbildung besitzen. In einem durchschnittlichen Gymnasium unterstehen ihnen etwa 70 akademische Lehrer, 10 Angestellte, Sekretärinnen, Schulwarte, Reinigungspersonal und 800 Schüler bzw. Schülerinnen. Dazu kommt Verwaltungskram, um die Schulverwaltung zufrieden zu stellen. Direktoren müssen eine Schullinie entwickeln oder entwickeln lassen, Schwierigkeiten und Probleme überwinden helfen, Lehrer kontrollieren, ihnen helfen, Streit schlichten, Beschwerden von Eltern, Schülern, Lehrern behandeln und Vieles mehr. Ein mir wohlgesonnener Direktor hat mich als jungen Lehrer einst zu sich beordert und mir mitgeteilt: "Dich bauen wir zum Direktor auf!" Ich müsse einer bestimmten politischen Partei beitreten und mich dortselbst engagieren und mich zur Gewerkschaft bekennen... Ich sagte sofort, dass ich gerne Lehrer sei und zum Direktor nicht geeignet wäre. Der Direktor war enttäuscht wegen dieser Absage. Ich genoss es, mit den meisten meiner Kollegen und Kolleginnen guten Kontakt zu haben. Dies wäre als Direktor nur schwer möglich gewesen. Ich war gerne in meinen Klassen mit meinen Schülern zusammen und pflege mit einem Teil bis heute gute Kontakte.
Verschiedene Typen von Direktoren habe ich in meiner Lehrerlaufbahn erlebt. Alle hatten menschli-

che Vorzüge und Schwächen.

Mein erster Direktor war überzeugter Junggeselle. Er lud mich mit einem zweiten jungen Kollegen monatlich zu sich in seine Wohnung ein. Dort verdrückten wir zuerst eine riesige Portion Wurst und Käse und tranken seinen Wein. Je später der Abend, umso lockerer wurde unser Direktor. Er erzählte von seinen Kriegserlebnissen in den hellsten Tönen. Es folgten schließlich Zoten und unanständige Lieder.

Aber am nächsten Morgen war er um 7.30 Uhr in seiner Schule als korrekter, souveräner Leiter anzutreffen.

Eines Tages wurde ich vom Schulwart in die Kanzlei zitiert, wo mir ein würdiger Herr beim als Bezirkshauptmann vorgestellt wurde. Seine Tochter oder Enkelin war meine Schülerin in der 6. Klasse Physik. Ihr Leistungsstand war ungenügend. Der Vater wollte eine positive Zeugnisnote für das Kind. Mein Direktor ließ sich meine Notenunterlagen zeigen und sagte zu meiner Überraschung zu seinem guten Freund, dem Bezirkshauptmann: "Wenn der Kollege diese Note gegeben hat, ist diese in Ordnung." Ich habe auch nie mehr eine Notenbeschwerde bekommen.

Mein nächster Direktor war eine Herrschernatur. Er war immer in der Schule gegenwärtig, wusste alles, bestimmte, beherrschte. Lehrer und Schüler hatten großen Respekt, manche fürchteten ihn.

An einem Schultag kam ich gemütlich um 8.00 Uhr in die Schule, als die Schulglocke die erste Unterrichtsstunde einläutete. Der Herr Direktor sah mich am Gang und begann fürchterlich zu brüllen wegen meiner, wie er meinte, Unpünktlichkeit. Einige der Lehrer und Schüler, die schon im Unterricht standen, öffneten erschrocken ihre Klassentüren. Er ließ mich nicht zu Wort kommen. Ich musste in die Direktionskanzlei mitgehen. Das Donnerwetter nahm kein Ende. Endlich ließ er mich erklären, dass ich ja erst in der dritten Stunde Unterricht hätte und nur noch für meinen Physikunterricht vorbereiten wollte. Nun schrie der Direktor noch lauter, diesmal wetterte er über die Lehrer im Allgemeinen.

Aber die Strenge des Direktors war auch ein Vorteil. In der Schule herrschte peinliche Ordnung. Die Lehrer hatten kaum disziplinäre Probleme. Der Lehrkörper wurde zusammengeschweißt und nach jeder Konferenz, bei der immer etliche Lehrer abgemahnt wurden und deshalb angespannte Stimmung herrschte, fanden wir uns in einem Gasthaus oder Privathaus ein. Dort konnten wir unseren aufgestaute Frustration abladen.

Der nächste Direktor war das exakte Gegenteil. Er war unsicher im Schulbetrieb, konnte hingegen anlässlich einer Veranstaltung eine Gesellschaft launig unterhalten. Kam er in das Konferenzzimmer und die Lehrer verstummten, meinte er, dass über ihn gesprochen worden wäre. Manche Kollegen konnten mit der neuen Freiheit nichts anfangen und sehnten sich wieder nach einem gestrengen Chef, der ihnen genau sagte, was sie zu tun hätten.

Cirka zwei Jahre lang wirkte an der Schule in Stellvertretung des Direktors der dienstälteste Lehrer. In dieser Zeit geschah nicht viel Neues: „Machen wir diese Neuerung, sobald ein neuer Direktor im Amt ist. Lasst mir meine Ruhe."

Der nächste Direktor war uns Lehrern ein väterlicher Freund. Man konnte ihn um Rat fragen, er war immer zur Hilfe bereit. Schimpfe oder Schelte, aber auch Befehle, kannte er nicht. Er machte lediglich Vorschläge, und der Lehrbetrieb funktionierte bestens. Der Schulwart spielte stellvertretend den Chef. Kaum läutete die Schulglocke das Ende der Pause ein, riss dieser die Türe auf und rief: „Ende der Pause!" Er wurde in seiner selbstauferlegten Rolle aber von den Lehrern nicht ernst genommen. Ein anderer Direktor hatte anfangs Schwierigkeiten, weil er kaum Entscheidungen traf. Er ließ jeden Lehrer schalten und walten. Wenn nur er selbst keine Arbeit damit hatte! Wenn es nur kein Geld kostete! Manchen Lehrern fehlten wieder die strenge Hand eines Chefs und genaue Anordnungen. Aber es gab nie vorher so viele Schulaktivitäten und so viel Freiheit, den Unterricht zu gestalten.

Jeder meiner Direktoren hatte Vor-, aber auch Nachteile. Manche Lehrer konnten besser bei dem Einen, Andere bei einem Anderen arbeiten. In den 40 Jahren eines Lehrerlebens hat sich natürlich auch die Gesellschaft verändert wie der Führungsstil von Gesellschaften.

Wilhelm Busch

Also lautet ein Beschluss:
Dass der Mensch was lernen muss.
Nicht allein das Abc
Bringt den Menschen in die Höh,
Nicht allein im Schreiben, Lesen
Übt sich ein vernünftig Wesen;
Nicht allein in Rechnungssachen
Soll der Mensch sich Mühe machen;
Sondern auch der Weisheit Lehren
Muss man mit Vergnügen hören.

Klassenvorstand

Der Klassenvorstand hat eine zentrale Position in der Schulgemeinschaft inne. Da er aber keine eigene Unterrichtsstunde für seine vielfältigen Aufgaben zur Verfügung hat, muss er die zahlreichen anfallenden Aufgaben in seinen normalen Unterricht einbauen.

Was sind nun diese Aufgaben?
Die Klassenvorständin/der Klassenvorstand
• ist AnsprechpartnerIn für die SchülerInnen.
• hat ein offenes Ohr für die Anliegen der SchülerInnen, nimmt ihnen aber Konfliktlösungen nicht ab.
• fördert die Klassengemeinschaft.
• nimmt die Koordination im Klassenlehrkörper, zur Direktorin und zum Schulerhalter wahr (Klassenvorstandskonferenzen und Klassenkonferenzen nach Bedarf).
• sucht und pflegt die Gesprächsbasis mit den Eltern.
• vermittelt bei Schwierigkeiten zwischen Lehrern, Schülern, Eltern
• gestaltet den Schulalltag aktiv mit.
• kommt ihrer/seiner Informationspflicht (Verpflichtung Information einzuholen und an SchülerInnen weiterzugeben) hinsichtlich aller Aktivitäten, die durch die Schule gesetzt werden, nach.
• Ist Schüler- und Berufsberatererledigt administrative Aufgaben zeitgerecht und genau.

Eltern

Eine besonders wichtige Rolle spielen in den Schulen auch die Eltern der Schüler. Im paritätisch besetzten Schulausschuss sitzen Eltern, Lehrer und Schülervertreter zusammen und bestimmen gemeinsam das Schulgeschehen. Jedes Schuljahr werden die Vertreter neu gewählt. Die Eltern können Schul- und Klassenkonferenzen einberufen. An jeder Schulkonferenz nehmen auch die Elternvertreter teil.

Jeder Lehrer, jede Lehrerin, hat wöchentlich Sprechstunden und steht den Eltern seiner Schüler so ständig zur Verfügung.

Es gibt Eltern, die sich um die schulischen Belange ihrer Kinder gar nicht kümmern. Dies kann bei gewissenhaften Schülern gut gehen. Gibt es hingegen Probleme, müssen die Eltern in die Schule vorgeladen werden. Wenn sich Eltern zu viel um ihre Kinder kümmern, ist dies sowohl für Lehrer und Schüler unangenehm. Die sogenannten „Wir-Mütter", die davon reden, dass WIR morgen etwa Schularbeit haben, nerven den Lehrer. Sie lassen sich stellvertretend für ihre Kinder etwa das Mathematikbeispiel erklären, um es später ihrem Kind erklären zu können. Sie machen die Hausaufgaben mit dem Kind mit, oft sogar für ihr Kind. Es ist selbstverständlich, dass ihr Kind das schönste und klügste auf der ganzen Welt ist. Der Lehrer hat es da schon schwerer. Er hat zahlreiche Schützlinge und kann nicht jeden als den schönsten und klügsten sehen.

Das muss Meinungsverschiedenheiten, etwa bei der Zeugnisnote, geben. Viele Schüler haben es dann schwer selbstständig zu werden: Die Mama macht ja alles.

Viele Eltern wiederum kennen die Lehrer ihrer Kinder nur aus deren subjektiven Schilderungen. Viele vollständig andere Bilder von dem selben Lehrer entstehen.

Statistiken zeigen betreffend die Berufswahl, dass drei Viertel aller Berufe von den Eltern ausgesucht werden. Der Sohn, die Tochter muss allerdings später unter Umständen 40 lange Jahre diesen Beruf ausüben. Man kann sich seine Eltern, die Geschwister, die Lehrer in den Schulen nicht aussuchen. Die meisten Menschen können sich nicht einmal ihren eigenen Beruf aussuchen. Ist es da ein Wunder, dass die Mehrzahl der Menschen unzufrieden in ihren Berufen arbeitet?

Die Freude der Schüler am Lernen und an ihrer Schule wird systematisch zerstört. Das sechsjährige Kind freut sich auf die Schule. Es hört aber von den Erwachsenen: „Jetzt beginnt der Ernst des Lebens. Du musst lernen, …"

In den Medien wird der Montag, der Beginn der Arbeitswoche, stets negativ dargestellt, der Freitag hingegen bereits als Beginn des Wochenendes. Arbeit also negativ? Mit diesem „Vorbild" sollen die Schüler Freude an der Schule haben?

Auch die Gestaltung des Unterrichtes ist nicht immer so, dass die Schüler begeistert wären. Das alte Sprichwort gilt oft: „Wenn alles schläft und einer spricht, so nennt man dieses Unterricht!"

Trotz oftmaliger Schulreformen hat sich in den Methoden seit Maria Theresia nicht all zu viel geändert. Allzu oft ist der Lehrer noch Vortragender und die Schüler sind Zuhörer. Die Schüler sind heute selbstbewusst und rebellieren dagegen. Sie bleiben also nicht ruhig sitzen, sondern reden mit. Die Ausbildung der Lehrer in Methodik ist ungenügend. Sie haben oft die beste Absicht, guten Unterricht zu bieten, scheitern aber oft. Schüler stören nicht böswillig, sie sind unzufrieden mit der Unterrichtsgestaltung, sie wollen aktiv mit gestalten.

In der Schulpartnerschaft gibt es ein Dreiecksverhältnis: Eltern - Schüler - Lehrer. In der Mitte dieses Spannungsfeldes steht das Kind als Schülerin bzw. Schüler. Dem Recht und der Pflicht der Eltern, für das geistige, leibliche und seelische Wohl ihrer Kinder zu sorgen, steht die Schulpflicht als Teilbereich der Erziehung durch die Obrigkeit des Staates gegenüber. Erfolgreiche Erziehungsarbeit kann nur im Zusammenwirken von Eltern und Schule gelingen. Aus diesem Grund wurden beratende und beschließende Mitwirkungsrechte im Schulunterrichtsgesetz festgelegt.

Luther sagte 1530:

„Einen fleißigen guten Schulmeister ... kann man mit keinem Gelde bezahlen ..... So wollt ich kein Amt lieber haben, als Schulmeister ... zu sein. Denn ich weiß, dass dieses Werk neben dem Predigtamt das allernützlichste, größte und beste ist."

Und Knigge? In seinem Band "Über den Umgang mit Menschen" schrieb er 1788:
"Der geringste Dorfschulmeister, wenn er seine Pflicht treulich erfüllt, ist eine wichtigere und nützlichere Person im Staate als der Finanzminister...

Der Lehrer

Noch unterschiedlicher als die Direktoren sind die Lehrer. Es ist nicht einfach zu sagen, wer ist ein guter und wer ein schlechter Lehrer. Die verschiedenen Lehrerpersönlichkeiten sind für einen Schüler wichtig. Nicht jeder Schüler kann mit jedem Lehrer gleich gut arbeiten und umgekehrt. Aber auch im Berufsleben hat man mit den verschiedensten Menschen zusammen zu arbeiten, auch wenn sie einem nicht so sympathisch sind.

Am wichtigsten scheint mir aber für einen Lehrer zu sein, dass er seine Schüler und auch seine Arbeit liebt.

Lehrer sind Personen, deren Aufgabe es ist, andere dabei zu unterstützen, sich Bildung bzw. Ausbildung anzueignen und ihre Persönlichkeit weiterzuentwickeln, damit sie in der Gesellschaft erfolgreich agieren können.

Ich meine, dass gutes Unterrichten für einen Lehrer folgende Grundsätze verlangt:

*) Auf sich selbst und auf die Kinder achten, d.h. die Sorge für die Schüler und das Verhältnis zu ihnen sowie das legitime Eigeninteresse muss ausbalanciert werden.

*) Den eigenen Weg gehen, d.h. eigene Ideen und Vorstellungen von der Berufsarbeit beharrlich, argumentativ, kollegial, aber auch gegen Widerstände durchsetzen.

*) Erfahrungen machen und reflektieren, d.h. dass die professionelle Entwicklung ein Wechselspiel von

Erfahrung und Reflexion ist, in dem Theorie und
Praxis verbunden werden.

Mittelalterliche Schule

Unterrichtsbeurteilung

Will man beurteilen, was ein guter Lehrer tun muss, sollte zuerst geklärt werden, was Unterricht eigentlich ist, nämlich Wissensvermittlung + Erziehung und Charakterbildung + Interaktion zwischen Lehrer und Schüler + kommunikatives Handeln. Auf diese Elemente muss sich also Unterrichtsbeobachtung konzentrieren. Und jeder Lehrer hat andere Schwerpunkte und wird etwas anderes besser bewältigen. So ist es von Vorteil, dass die Schüler ganz verschiedene Lehrerpersönlichkeiten haben.

Etymologie:
Das Wort Lehrer ist die deutsche Übersetzung des lateinischen Magister. Nach Meinung von einigen Personen wie dem evangelischen Pastor Heinrich Tischner lassen Forschungen nach der Herkunft auch Verbindungen zur Zeit der Karolinger deutlich werden.
Die Herkunft des Wortes ist im Althochdeutschen: lêrari, im Mittelhochdeutschen: lêræere, lêrer und im Gotischen: laisareis.

Die Berufsbezeichnung Lehrer ist nicht geschützt, die Amtsbezeichnung (z. B. Studienrat) dagegen schon. Im allgemeinen Sprachgebrauch wird die Bezeichnung Lehrer vor allem auf Personen angewendet, die die Unterweisung von Kindern und Schülern durchführen. Er wird aber auch in der Erwachsenenbildung angewendet. Im letztgenannten Bereich werden jedoch entsprechende Lehrkräfte in der Regel mit der konkreten Tätigkeitsbezeichnung ihrer Arbeit benannt, z. B. als Dozent für eine Lehrtätigkeit im tertiären Bildungsbereich, als Trainer für eine Lehrkraft im Sportbereich und als Coach bzw. Supervisor für eine sozialorientierte Tätigkeit mit hohem Selbsterfahrungsanteil. Weitere Begriffe für den unterstützend lehrenden Ausbilder sind Mentor und Tutor; als Meister wird der betriebliche Lehrer im Handwerk mit entsprechendem Qualifikationsnachweis bezeichnet.

Der ideale Lehrer... aus Schülersicht

... hat Humor ("ist witzig") und versteht Spaß
... geht auf seine Schüler ein
... sorgt für Lernfortschritt
... gestaltet den Unterricht interessant und ab wechslungsreich
... ist fair und objektiv
... sorgt für ausgewogene Arbeitsbelastung der Schüler
... ist nicht so streng
... hat weder "Lieblinge" noch "Hasskinder"
... hat Durchsetzungsvermögen
... besitzt Toleranz
... läßt Diskussionen zu und ist offen für Gespräche
... kann über sich selbst lachen
... gesteht Fehler ein
... erklärt den Stoff gut und verständlich
... bleibt beim Thema
... besitzt fundiertes Fachwissen und breite Bildung
... unterrichtet "locker"

... geht im Unterricht auf aktuelle Probleme ein
... motiviert Schüler für den Stoff
... ist gut gelaunt, lustig, aber auch ernst
... ist voller Elan
... ist schwungvoll und engagiert
... ist verständnisvoll
... respektiert und akzeptiert Schüler
... demütigt Schüler nicht bei falschen Antworten
... ist vertrauenswürdig
... setzt sich für die Schüler ein
... kann zuhören
... lässt ausreden
... tröstet auch einmal

Der ideale Lehrer

Wahrscheinlich gibt es nicht viele Berufe, an die die
Gesellschaft so widersprüchliche Anforderungen
stellt:
Gerecht soll er sein, der Lehrer,
und zugleich menschlich und nachsichtig,
straff soll er führen,
doch taktvoll auf jedes Kind eingehen,
Begabungen wecken,
pädagogische Defizite ausgleichen,
Suchtprophylaxe und AIDS - Aufklärung betreiben,
auf jeden Fall den Lehrplan einhalten,
wobei hochbegabte Schüler gleichermaßen
zu berücksichtigen sind wie begriffsstutzige.

Schüler und Lehrer

Die Qualität einer Schule wird durch die Beziehung zwischen Schüler und Lehrer entscheidend geprägt. Schüler sein heißt lernen wollen und auf Bildung bedacht zu sein.

Lehrer sein heißt die Lehrgüter so zu übermitteln, dass sie der Schüler oder die Schülerin nach Begabung und seelischer Reife aufnehmen kann.

Leider ist die Schulpraxis oft meilenweit von diesem Ideal entfernt. Es fehlt beim Schüler die Lernbereitschaft und beim Lehrer die optimale Lehrtätigkeit.

Oft lernt der Schüler nicht aus Interesse am Stoff, sondern weil ihm der Lehrer sympathisch ist. Er nimmt die Unterrichtsfächer durch die Person seines Lehrers an, lehnt sie ab, versteht sie oder versteht sie nicht. Eine infantile Haltung. Daraus entstehen Konflikte.

Bestehen zwischen dem Lehrer und seiner Klasse menschliche Bindungen, dann wird es keine größeren Probleme geben. Doch eine zu starke Bindung ist wiederum kontraproduktiv. Der Lehrer soll ja die Eltern nicht ersetzen!

Eine gute Klassengemeinschaft ist von großer Bedeutung. Wenn angesehene Schüler den Lehrer herabsetzen, wagen die anderen nicht mehr, sich dem Lehrer anzuschließen. Einige wenige Schüler können die Atmosphäre vergiften.

Nicht alle Gegenstände werden die Schüler gleich interessant finden. Aber auch ungeliebte Fächer müssen mit einem Minimum an Arbeit und Aufmerksamkeit betrieben werden.

In der Vorpubertät und mehr noch in der Pubertät nehmen die Jugendlichen Abstand von den angestammten Autoritäten. Eltern und Lehrer werden misstrauisch und oftmals ruppig behandelt. Auf keinen Fall wollen die Jugendlichen den Eindruck der Liebedienerei erwecken oder Zuneigung zeigen! In dieser Zeit nehmen die Spannungen zwischen Lehrer und Schüler zu.

Selbst die Schulordnung kann das Verhältnis Lehrer –Schüler stören: Laufen, Rangeln oder Schreien in der Pause muss vom Lehrer unterbunden werden. Nicht alle wollen begreifen, dass die geforderte Disziplin nötig ist. Sie grollen dem Lehrer und finden ihn zu streng. Ein anderer Lehrer legt Wert auf ordentlich gemachte Hausübungen, weil er die Schüler an regelmäßiges Arbeiten gewöhnen will. Diese verstehen seine erzieherischen Absichten nicht und finden ihren Lehrer kleinlich. Einen eher kühlen, zurückhaltenden Lehrer lehnen dessen Schüler ab, weil sie seine Sorge und Liebe zu ihnen nicht spüren können.

Es ist tragisch, wenn ein Lehrer bei seinen Schülern kein Echo findet. Jede Erziehung setzt nämlich die innere Bereitschaft, sich erziehen und bilden zu lassen, voraus. So entscheidet letztlich der Schüler selbst, ob er erzogen und gebildet werden will. Neben dem Lehrer prägt auch das geistige Klima einer Klasse die Atmosphäre des Unterrichtes. Eine träge Klasse wie auch eine überheblich langweilige kann auch der beste und bemühte Lehrer nicht zu guten Leistungen führen. Das Leistungsniveau wird sinken. Der gewissenhafte Lehrer wird viel Zeit und

Kraft den „schwachen" Schülern widmen, die anderen werden vor Langeweile stöhnen.

Weiters muss neben der Sachebene die Beziehungsebene aufgebaut werden. Ist das nicht geschehen, fällt die Bildungssaat auf steinigen Boden.

Unsere Schulen haben nicht nur einen Bildungsauftrag, sondern sie treffen auch durch Zeugnisse eine Auslese. Durch Zeugnisse geben sie auch berufslenkende Berechtigungen. Dadurch macht sich in der Schule eine Härte breit, ähnlich wie die Rivalitäten im späteren Berufsleben. Auch diese belastet das Lehrer-Schüler-Verhältnis. Wer kann es den Schülern übelnehmen, wenn sie bei entscheidenden Situationen die Schuld am Versagen nicht bei sich suchen, sondern im Schulsystem oder beim Lehrer! Es ist nicht schwer, einen Lehrer anzugreifen, denn seine Notengebung ist ja nicht mathematisch zu berechnen. Die Lehrkraft versucht den einzelnen Schüler mit seinen Leistungen im Laufe eines ganzen Schuljahres zu sehen. Er beurteilt nicht nur das brav gelernte, sondern auch das Verständnis für das Fach.

Lehrer– Eltern – Schüler

"Schulpartnerschaft" beschreibt das Zusammenwirken von Schülerinnen und Schülern, Erziehungsberechtigten, Lehrerinnen und Lehrern.
Internationale Untersuchungen haben gezeigt, dass "gute Schulen" durch gute Beziehungen zwischen den Schulpartnern charakterisiert sind. Die österreichischen Schulgesetze verlangen ausdrücklich, dass die Schulpartner als Schulgemeinschaft zusammenwirken.

•   Die Schülerinnen und Schüler sollen sich an der Gestaltung des Unterrichts und der Wahl der Unterrichtsmittel beteiligen.

•   Recht und Pflicht der Erziehungsberechtigten ist es, die Unterrichts- und Erziehungsaufgabe der Schule zu unterstützen.

•   Lehrerinnen und Lehrer haben mit den Erziehungsberechtigten eine möglichst enge Zusammenarbeit in allen Fragen der Erziehung und des Unterrichts der Schülerinnen und Schüler zu pflegen. Zu den Aufgaben der Schulleiterinnen und Schulleiter gehört ebenfalls die Pflege der Verbindung zwischen Schule und Erziehungsberechtigten - aber natürlich auch der Kontakt zu den Schülerinnen und Schülern

Schulinspektor

Was ist die Aufgabe des Inspektors?
Mehr als fünfzig Jahre lang war ich als Schüler und später als Lehrer in der Schule und habe nur fünf-mal den Besuch eines Schulinspektors erlebt. Diese Besuche waren nicht einmal sehr beeindruckend. Da immer häufiger über die Abschaffung dieser Inspektoren geredet wird, will ich dazu nichts mehr schreiben und sehe einem Gesetzesvollzug in dieser Richtung entgegen.
Da die Autonomie der einzelnen Schulen immer größer wird, wird der Schuldirektor viele Aufgaben, die früher die Schulaufsicht hatte, übernehmen.

Bildung

In den ersten sechs Jahren lernt das Kind am meisten. Daheim zeigen die Größeren, was zu wissen nötig ist, um mit dem Leben und den Menschen richtig umzugehen. Die Kinder drängen nach diesem Wissen und entfalten spontan Anlagen und Fähigkeiten. Das Bildungsgut in der Familie ist nicht nach Fächern eingeteilt, die Ziele werden nicht zeitlich festgelegt. Es gibt keine Prüfungen, es wird nach Charakter und Leistung geurteilt, gefördert, geliebt. Dieser Bildungsprozess hört bis zum Tod nicht auf. Schulen haben es schwerer, ihren Bildungsauftrag genau so wirkungsvoll zu erfüllen. Gute Volksschullehrer bringen es wohl fertig, den Schulanfängern noch längere Zeit den Glauben zu erhalten, Schule sei lustig, fast so lustig wie die Lernsituation zu Hause. Dies erleichtert den Übergang aus der Familienschule zur öffentlichen Schule.

Schulen sind streng nach Zweck und Ziel aufgebaut, der Besuch ist gesetzlich vorgeschrieben. Der Schüler darf nicht lernen, wozu er Lust hat. Er kann sich den Lehrer oder die Lehrerin nicht aussuchen, die Klassengemeinschaft, Zeit, Ort und Art des Unterrichtes sind festgelegt.

Die Schüler kommen in eine Welt der Pflicht. Das ist eine große Umstellung! Um eines Tages berufliche Aufgaben übernehmen zu können, muss der Lerneifer gelenkt und der Lernstoff festgelegt werden. Unsere hochentwickelte Gesellschaft fordert ja viel Allgemein- und Spezialwissen. Eltern und Schüler sollten dies bedenken und nicht vorschnell über Schule und Lehrer negativ urteilen.

Von Zeit zu Zeit haben Reformer mit dem Slogan „Zurück zur Natur" versucht, das Lernen in der Schule nach dem Vorbild der Vorschulzeit zu gestalten. Diese Bestrebungen scheiterten an der Kompliziertheit der Welt - und weil ein noch so begabtes Kind ohne Leistungsnachweis im Lebenskampf von vornherein schlechtere Voraussetzungen hat.

Einige Beispiele:

In den 1970er Jahren fand die antiautoritäre Erziehung breite Sympathie. Alternativschulen wurden gegründet. Schulen wurden beschuldigt, das Lernen eher zu verhindern als zu fördern, indem die Unterrichtssituation Angst erzeugte. Pädagogen wie Francisco Ferrer oder Alexander Sutherland Neill gründeten freiere Schulen (Summerhill), während andere wie John Holt im Unschooling eine Alternative sahen.

Unschooling ist vom Kind geleitetes Lernen in einer Wohnumgebung ohne den Versuch, die traditionelle Schule und ihre Lehrpläne zu Hause nachzuahmen. Es gibt daher keinen geplanten Unterricht oder bestimmte Zeiten am Tag, für die schulähnliche Aktivitäten vorgeschrieben sind. Themen werden dann behandelt, wenn das Interesse des Kindes es verlangt. Die Eltern – oder Personen, mit denen das Kind zusammenlebt – sind in erster Linie Unterstützer und Begleiter der Lernprozesse.

In Deutschland ist Unschooling wegen der in allen Bundesländern geltenden Schulpflicht verboten. In allen englischsprachigen und vielen weiteren Ländern der westlichen Hemisphäre wie der Schweiz und Österreich ist zumindest Hausunterricht ("Homeschooling") zulässig.

Kritiker halten dem entgegen, dass bei Unschooling kein Bildungsniveau sichergestellt werden kann. In solcher Weise unterwiesene Kinder hätten zu wenige Sozialkontakte und seien auf das spätere Berufsleben nicht hinreichend vorbereitet.

Befürworter des Unschooling argumentieren auf verschiedene Weise. Die Einen bemängeln die Ineffizienz des Lernens an einer Schule. Andere vertreten die Ansicht, dass es unzulässig sei, junge Menschen zum Lernen zu zwingen. Kinder hätten die gleichen Menschenrechte wie Erwachsene.

Deschooling ist eine Bezeichnung für die Antischulbewegung in den USA. Das Wort „deschooling" prägte Ivan Illich als erstes. Den Begriff kann man am besten mit „Entschulung" übersetzen. Bekannt ist sein 1971 erschienenes Buch „Deschooling Society". Er war aber nicht der erste und alleinige Vertreter der Antischulbewegung. Schon vor ihm kritisierte Paul Goodman das etablierte Schulsystem. 1947 stellte er sich die Frage über die Beziehung zwischen dem Menschen und der ihn umgebenden modernen, städtischen, industriellen Umgebung. 1960, in seinem Buch „Growing Up", argumentiert er, dass die Jugendlichen verfehlen, erwachsen zu werden, weil sie in einer Gesellschaft leben, die dazu keine Voraussetzungen bietet. Siehe sein 1962 erschienenen Buch „Compulsory Miseducation". Der amerikanische Psychologe David Keirsey zeigt in seinen kritischen Essays, dass vom Schulsystem nur bestimmte Temperamenttypen gefördert, andere hingegen gehemmt werden. Er spricht sich auch deutlich gegen verhaltensändernde Pharmazeutika aus, die besonders im amerikanischen Raum häufig eingesetzt werden.

Der in Lateinamerika tätige Priester Ivan Illich verwies besonders in Bezug auf die Dritte Welt auf das Versagen der Schule.

Summerhill ist eine Demokratische Schule in Leiston (Suffolk, England). 1921 von A. S. Neill in der Zeit der Reformpädagogik gegründet, gilt Summerhill als älteste demokratische Schule der Welt.

Neills Ideen über die Schule sind unter anderem auf seinem Vorbild Homer Lane begründet. Dieser legte drei Hauptmerkmale von Summerhill fest:

Summerhill befindet sich von Anfang an im Privatbesitz der Familie Neill. Einige sehen das als wesentlichen Grund dafür, dass Neills Vorstellungen über das Aufwachsen von Kindern bis heute weitgehend erhalten geblieben sind. Nach dem Tod des Gründers im Jahre 1973 übernahm seine Frau Ena und ab 1985 die Tochter Zoë Neill Readhead die Schulleitung.

Die Schule ist ein privates Internat, in dem derzeit rund 90 Kinder und Jugendliche im Alter von 5 bis 17 Jahren aufwachsen. Die Schülerschaft ist international zusammengesetzt. Ein großer Teil der Schüler kommt aus Deutschland und aus Japan.

Es gab eine "Schulgemeinde", in der die Kinder und Lehrkräfte wichtige Fragen des Schulalltags gleichberechtigt regelten. Den Kindern wurde somit viel

Freiheit gegeben, jedoch waren sie nicht frei von Regeln, wie es in den 60er Jahren während der Studentenbewegung in Deutschland missinterpretiert wurde. Neill bezeichnet seine Praxis als selbstregulative Erziehung.

Neill wollte es den Kindern ermöglichen, ihr eigenes Leben zu leben, nicht das, was ihnen Autoritäten vorschreiben.

Im Gegensatz zu traditionellen Schulen ist in Summerhill die Teilnahme am Unterricht ist völlig freiwillig. Neill ging davon aus, dass Kinder lernen wollen und daher auch fleißig sind. Da nur interessierte Schüler am Unterricht teilnehmen, ist dieser damit effektiver, das Lernklima angenehmer. Eine strikte Einteilung in Klassenstufen nach Alter der Schüler findet nicht statt. Schüler, die von einer traditionellen Schule kommen, nutzen in der ersten Zeit meist die Möglichkeit, nicht zum Unterricht gehen zu müssen. Es kann mehrere Monate dauern, bis diese Phase überwunden ist – je nach Vorerfahrungen.

Im Jahre 1923 verlegte Neill die Schule zunächst nach Österreich (Sonntagberg), wo es jedoch zu Konflikten mit der örtlichen Bevölkerung kam.

Durch massive Probleme mit den österreichischen Schulbehörden gab Neill sein Vorhaben – Eröffnung einer Privatschule – im Mai 1924 auf.

Trotz umfangreiche Freiheiten gibt es dennoch mehr als 200 Regeln. Diese werden jedoch von der Vollversammlung der Schule, in der die Kinder die Mehrheit haben, beschlossen und abgeschafft. Ausgenommen sind nur Regeln, die auf Grund gesetzlicher Vorschriften erlassen werden mussten, z. B.

Benutzung des Schwimmbades, Klettern auf dem Dach. Darüber hinaus gibt es keine Regeln, die nicht von den Kindern selbst aufgestellt oder auch abgeschafft werden.Wie sehr auch die moderne Erziehungspraxis in der Schule auf die natürlichen Neigungen der Kinder in der jeweiligen Entwicklungsstufe eingeht, die Schule verliert nie den Charakter von Arbeit, Pflicht und sogar Zwang. Niemand sollte versuchen diesen Pflichtcharakter weg zu diskutieren. Die Schule gibt einen Vorgeschmack auf den Lebenskampf. Der junge Mensch wird in der Schule lernen, seine Pflicht zu tun, sich durchzusetzen, zu bewähren, durchzuhalten.Alle Schüler stöhnen über manche Unterrichtsfächer, sie würden gerne darauf verzichten. Sie sind dafür wenig begabt oder die Unterrichtsgestaltung ist langweilig. Auch im späteren Beruf sind unbeliebte Aufgaben zu erfüllen.

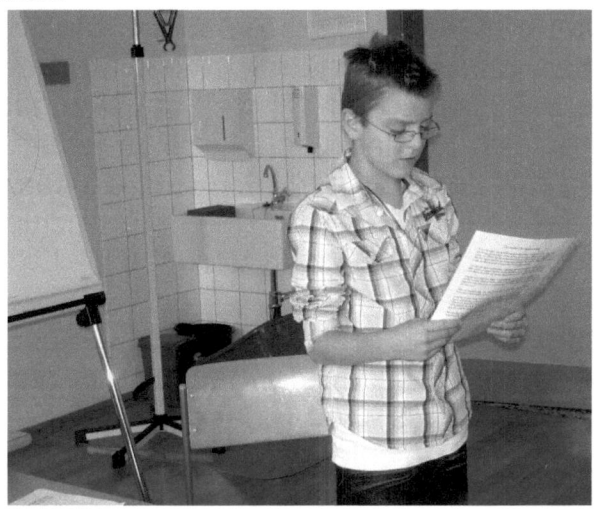

Auftrag und Funktion der Schule

Der gesellschaftliche Auftrag der Schule, der meist im Schulgesetz eines Landes festgehalten wird, liegt in der Entwicklung der Schüler zu mündigen und verantwortungsvollen Persönlichkeiten. Sie soll Bildung, also Wissen, Fähigkeiten und Werte im Unterricht gezielt vermitteln. Die gesellschaftlichen Grundwerte sind durch das Grundgesetz vorgegeben. Als weitere Aufgaben werden Erziehung zur Ehrfurcht vor dem Leben, zur Bewahrung der Umwelt und Verantwortung für künftige Generationen genannt

Die schulische Persönlichkeitsbildung entbindet die Eltern nicht von ihrem Erziehungsauftrag, sondern ergänzt diesen. Die Eltern sollen bei innerschulischen Konflikten mäßigend auf ihre Kinder einwirken. Bei Wertekonflikten zwischen Eltern und Gesellschaft in Fragen der Sexualität, Schwimmunterricht für muslimische Mädchen, Hausunterricht, sucht die Schule eine Lösung im Sinne des Kindes, muss aber, wenn nötig, auch gegen den Willen der Eltern die schulische Bildung durchführen. In Streitfällen entscheiden die zuständigen Verwaltungsgerichte

Die klassischen Schulfunktionen sind:

* Qualifikation - Vorbereitung auf spätere Lebensanforderungen in Beruf, Privatleben und gesellschaftlichen Funktionen

* Sozialisation - Vermittlung gesellschaftlich erwünschten Verhaltens

Selektion - Auslese und Zuweisung einer sozialen Position oder Berechtigung

Legitimation - Vermittlung gesellschaftlicher Grundwerte zur Sicherung der Loyalität und Integration (Soziologie)

Qualifikation und Sozialisation vermitteln den Heranwachsenden zusätzlich zum elterlichen Beitrag das kulturelle Kapital einer Gesellschaft von den Grundfähigkeiten wie Schreiben und Lesen bis zum erfolgversprechenden Auftreten. Manche Gesellschaftskritiker sprechen von einem zusätzlichen "heimlichen Lehrplan", der all das umfasst, was neben dem offiziellen Lernprogramm angeeignet wird, um Erfolg zu haben, beispielsweise die Bildung von Netzwerken mit den Mitschülern oder Schummelstrategien.

Die Schule erfüllt neben der Förderung auch die Funktion der Selektion, das heißt, die Heranwachsenden nach ihrer Leistungsfähigkeit einzuschätzen und ihnen am Ende der Schulzeit durch Vergabe von Schulabschlüssen für weitere Ausbildungsgänge eine vorläufige soziale Position zuzuweisen. Die schulische Funktion einer Berechtigungsvergabe ist im Schulwesen traditionell stärker ausgeprägt als etwa in den USA, wo andere Selektionsmechanismen greifen. So richtet sich auch die Gehaltsstruktur des öffentlichen Dienstes vom einfachen bis zum höheren Dienst nach dem erreichten Schulabschluss. Auf dem Weg dahin sind Schullaufbahn-Entscheidungen zu treffen. In der demokratischen Gesellschaft soll jedem Schüler eine gerechte Chance gegeben werden. Die Realisierung von Chancengleichheit gehört zu den zentralen Streitpunkten der Bildungspolitik. Auch der angemessene Zeitpunkt der Selektion ist umstritten. Die Persönlichkeit der Schüler wird vorwiegend geprägt, sich gegenüber gestellten Leistungsanforderungen und ihrer Bewältigung positiv einzustellen. Kritiker der Selektionsfunktion wenden ein, dass Schule faktisch weitgehend die soziale Schichtlage, in die jemand hineingeboren wird, reproduziert und insofern eine demokratische Chancengleichheit nur auf dem Papier existiert. Die Berechtigungen, die etwa ein Hauptschulabschluss verleiht, sind zudem recht gering geworden.

Loyalität zu gesellschaftlichen und politischen Normen stellt sicher, dass die bestehenden Institutionen und Verfahren überhaupt von der nächsten Generation akzeptiert werden und weiter funktionieren. Loyalitätssicherung ist in allen politischen Systemen eine zentrale Funktion des Bildungssystems. So war die Schule der DDR in höchstem Maße darauf ausgerichtet, die Existenz der DDR zu rechtfertigen und am Ende doch weitgehend erfolglos. In demokratischen Systemen ist die Ausbildung eines Demokratiebewusstseins eine Hauptaufgabe der gesellschaftswissenschaftlichen Fächer. Das Auftreten von jugendlichem politischem Extremismus führt in der Regel zu einer Verstärkung der entgegensteuernden Schulaktivitäten im gefährdeten Bereich. In dieser Hinsicht erweist sich die Schule als ein die Gesellschaft stabilisierendes System.

Der staatliche Auftrag, Schulen zu unterhalten,

kann vom Staat selbst (öffentliche Schulen) oder von privaten Trägern (nach Grundgesetz Art. 7 (4) - Privatschulen) erfüllt werden. In engen Grenzen kann die Schulpflicht auch an Nicht-Schulen erfüllt werden. So können etwa Kinder, Jugendliche und junge Erwachsene mit einer geistigen Behinderung eine Tagesbildungsstätte besuchen. Die Auf-sicht über alle Einrichtungen, in denen Schüler ihrer Schulpflicht nachkommen, liegt beim Staat.

Chancengleichheit

Man stelle sich folgende Situation vor:
Die Schüler eines Gymnasiums sind im Festsaal
versammelt. Der Direktor ehrt die besten Sportler
der Schule, die Landesmeister der Leichtathletik,
die Handballspieler, die Schülermeister geworden
sind,... Frenetischer Beifall der anwesenden Schülerschaft. Bombenstimmung.
Eine Woche später verleiht der Direktor vor der
gleichen Versammlung Urkunden an die besten
Schüler in Mathematik und Physik. Nur verhaltener
Beifall, einzelne Rufe: "Streber!"
Was zeigt dieser Vergleich?
Sportler dürfen siegen, dürfen die Besten sein. Sie
glänzen durch Kraft, Geschicklichkeit, Schnelligkeit,
also durch körperliche Merkmale.
Schüler, die mit ihrem Intellekt, ihren Geistesgaben
glänzen wollen, dürfen dies nicht ohne weiteres. Es
gibt eben Menschen, die sich durch die Begabung
anderer in ihren eigenen Fähigkeiten herabgesetzt
fühlen. Vor allem Schülern in den Pubertätsjahren
ist es meist unangenehm, durch gute Noten aus
dem Durchschnitt hervorzustechen. „Hauptsache
durchkommen" gilt immer öfter und wird sogar von
manchen Eltern gefördert. Ihre geliebten Sprösslinge sollen nur ja nicht unter Druck gesetzt werden!
Die Politik bestärkt diese Entwicklung.
In der nun schon jahrelang geführten Diskussion
um die Reform unseres Schulsystems rufen auch
ständig einige Verantwortliche: „Streber". Sie for-

dern soziale Gerechtigkeit und meinen Gleichheit. Gemeinsame Schule für alle von 6 bis 14 Jahren. Chancengleichheit. Sie können es nicht ertragen, dass es Schüler gibt, die andere hinsichtlich ihrer Intelligenz überragen. Sie können es nicht akzeptieren, dass Intelligenz, eine Voraussetzung für Bildung, nicht gleich auf alle Menschen verteilt ist. Sie verlangen die Einheitsschule und glauben, dadurch die Schwächen der einen durch die Intelligenz der anderen ausgleichen zu können.

In den international gültigen Menschenrechten wird deshalb ja auch die Gleichheit aller Menschen vor dem Gesetz gefordert und nicht die Gleichheit der Lebensbedingungen aller Menschen.

Eine Studie des Züricher Erziehungswissenschafters Helmut Fend weist nach, dass Gesamtschulen nicht mehr Bildungsgerechtigkeit schaffen als Schulen im gegliederten Bildungssystem. Der Befund ist eindeutig: Ob ein Kind eine Lehre macht oder studiert hängt in erster Linie vom Elternhaus ab. Welche Schulart es besucht, spielt dabei kaum eine Rolle. Die Benachteiligung von Kindern beginnt schon sehr früh. Wenn eine schwangere Frau häufig klassische Musik hört, entwickelt das Neugeborene schon früh Rythmusgefühl, die Vorstufe der Musikalität. Wenn Kindern regelmäßig vorgelesen wird und im Elternhaus eine gehobene Sprache geprägt wird, bilden diese ein differenziertes Sprachvermögen aus und schreiben bereits in der Volksschule verblüffend gute Texte. Wenn ein Kind Lob und Aufmunterung erfährt, im Spiel die Welt entdeckt, wird es in der Schule Neugier und Ehrgeiz entwickeln. Die Schule kann Defizite bei Kindern, die vor Schuleintritt bereits grundgelegt sind, nur zum kleinen Teil ausgleichen. Als ehemaliger Lehrer weiß ich, wie schwierig es ist, den Lehrstoff so aufzubereiten, dass er allen Lernniveaus gerecht wird. Und meist schenkt der Lehrer den größeren Teil der Unterrichtszeit und seiner Kraft den schwachen und langsamen Schülern, die Hochbegabten bleiben auf der Strecke und langweilen sich.

Noch bis in die 60er Jahre des vorigen Jh. war das Gymnasium eine Eliteschule. Heute besuchen vor allem in den Städten bis zu 80 % eines Jahrganges die AHS. Es wird dort durch moderne Lehrmethoden und verschiedenste Schwerpunkte den unterschiedlichen Begabungen der Schüler Rechnung getragen. Was sich unsere Gesellschaft allerdings nicht leisten kann, ist die mangelnde Förderung der Hochbegabten. In unserem rohstoffarmen Land sind solch begabte Schüler und Schülerinnen der „Rohstoff", der Garant von Innovation und Erfindungsreichtum. Statt andauerndem Streit um das beste Schulsystem sollte gemeinsam für den besten Unterricht, die besten Lehrer und die besten Schüler gerungen werden.

Es gibt keine gute und schlechte Schulform. Es gibt nur guten und schlechten Unterricht, oft sogar Wand an Wand in derselben Schule.

In Japan gibt es einen TV-Kanal, auf dem stunden-
lang Unterrichtsstunden übertragen werden. Die
ganze Nation fiebert mit, ob der Mathematiklehrer
es schafft, seine Klasse mit dem Satz des Pythago-
ras vertraut zu machen. Nach der Stunde werden
im Chat von den Experten der Nation Kritik und Lob
geäußert. Lehrer stehen Schlange, um ihre Künste
auch im Fernsehen vorführen zu können.

Es geht dort um den besten Unterricht für die Kinder und nicht um Machtkämpfe ideologisch zerstrit-
tener politischer Parteien.

Geschichte der österreichischen Schule

Vor dem Jahre 1774 war die Bildung in Österreich den oberen Gesellschaftsschichten vorbehalten. Die Bildung war vor allem eine Aufgabe von Glaubensgemeinschaften, Mönche waren Verwalter des Wissens. Insbesondere auf dem Land waren daher die Menschen in der Regel ungebildet.

Kaiserin Maria Theresia (1740 – 1780)
Unter der Regentschaft von Maria Theresia entstand das staatliche Schulwesen im Erzherzogtum und den Kronländern. Im Zuge der Aufklärung erkannte die Regentin, dass das Staatsvolk der Träger des Staates ist und dass die Machtstellung nur mit Hilfe einer gebil- deten Bevölkerung gehalten werden konnte.
Johann Ignaz Felbiger (* 6. Januar 1724 in Glogau, Schlesien; † 17. Mai 1788 in Preßburg) befasste sich während seiner Zeit als Abt des Augustiner-Chorherrenstiftes Sagan in Niederschlesien mit Schulproblemen. Er studierte die pädagogische Literatur seiner Zeit und besuchte die Berliner Realschule Johann Julius Heckers, einer zur jener Zeit als vorbildlich geltende Schule, zur Studie der ver-

wendeten Methoden. 1774 verfasste er für Maria Theresia die „Allgemeine Schulordnung für die deutschen Normal-, Haupt- und Trivialschulen". Die Grundlagen der Schulordnung blieben auch für die Maßnahmen Josephs II.(1780 – 1790) maßgeblich. Diese Schulordnung unterzeichnete Maria Theresia am 6. Dezember 1774. Mit Maria Theresias neuer Schulordnung wurde eine sechsjährige Unterrichtspflicht in der Volksschule durchgesetzt, es mussten fortan einheitliche Lehrbücher verwendet werden, und die Lehreraus- und -fortbildung wurde geregelt. Joseph II (1780 – 1790) reformierte die Bildung weiter und ließ vor allem Schulen erbauen. Unter seinen Nachfolgern auf dem Kaiserthron wurden keine Fortschritte in der staatlichen Bildung gemacht. Erst Kaiser Franz Josef I. (1848 – 1916) schuf 1848 ein eigenes Ministerium für den öffentlichen Unterricht, das ab 1849 Ministerium für Cultus und Unterricht hieß.

Im Jahre 1869 vereinheitlichte das Reichsvolksschulgesetz das Schulwesen in Österreich-Ungarn. Die wichtigsten Änderungen:

Die Unterrichtspflicht wurde von sechs auf acht Jahre verlängert. Pflichtbildung war ab diesem Zeitpunkt die achtjährige Pflichtschule.

Als Alternative konnte nach fünf Jahren Volksschule eine dreijährige Bürgerschule absolviert werden.

Diese konnte auch von Mädchen besucht werden, die jedoch nach einem anderen Lehrplan (weniger Arithmetik und Geometrie, dafür Handarbeiten) unterrichtet wurden.

Der endgültige Entzug der Bildungsaufsicht durch

die Kirche; damit wurde Bildung komplett dem Staat unterstellt.

Die Begrenzung der Klassengröße auf maximal 80 Schüler, was pädagogisch gesehen ein enormer Fortschritt war. Dies war eine Konsequenz der Niederlage in der Schlacht bei Königgrätz, welche auf eine zu hohe Analphabetenrate im österreichischen Heer zurückgeführt wurde.

Frauenbildung

Seit 1901 durften Maturantinnen auch bestimmte Universitäten besuchen – die philosophische und medizinische Fakultät. 1910 wurde an Knabengymnasien ein Mädchenanteil von fünf Prozent zugelassen. Die Mädchen durften zwar im Unterricht anwesend sein, jedoch weder aktiv daran teilnehmen noch geprüft werden.

1868 wurde die erste Mittelschule für Mädchen eröffnet, nämlich eine Handelsakademie, ab 1869 wurden Bürgerschulen Mädchen zugänglich. Ab diesem Zeitpunkt entstanden immer mehr Mittelschulen für Mädchen oder Frauen. Ab 1872 konnten auch sie maturieren, waren allerdings nicht zu einem Hochschulstudium berechtigt. Nach Widerständen des damaligen Unterrichtsministers wurde das erste Mädchengymnasium erst 1892 gegründet, als es bereits 77 Knabengymnasien gab.

Schulreformen in der 1. Republik

1918 wurde unter Otto Glöckel eine entscheidende und bis heute gültige Schulreform umgesetzt. Nach den Nationalratswahlen, bei denen die Sozialdemokratische Partei die Mehrheit im Parlament hatte, wurde Glöckel Bildungsministers. Glöckel begann die Bürokraten, die die Entscheidungen im Schulwesen bis dahin trafen, durch pädagogische Fachleute zu ersetzen. Für die Reformen im österreichischen Schulwesen setzte Glöckel die Schulreformkommission ein.

1927 wurde die Hauptschule als Pflichtschule für zehn- bis vierzehnjährige Kinder eingeführt und ersetzte die Bürgerschule.

Jedes Kind – unabhängig von Geschlecht und sozialer Lage – sollte eine optimale Bildung erhalten. Ab 1919 konnten Mädchen an Knabenschulen aufgenommen werden und hatten somit erstmals die Möglichkeit, auch unter finanziellen Einschränkungen die Hochschulreife zu erreichen.

1933 betrug der Anteil an Schülerinnen bereits mehr als 30 Prozent, der Anteil der Lehrerinnen hingegen – zu dieser Zeit galt der Zölibat für Lehrerinnen – knapp fünf Prozent.

1934 bis 1945

Im austrofaschistischen Ständestaat wurden 1934 bis 1938 die Bildungsmöglichkeiten der Mädchen drastisch reduziert. Im nationalsozialistischen Hitler-Reich zwischen 1939 und 1945 gab es eine strikte Trennung zwischen Mädchen und Knaben, da jetzt die Mutterschaft das oberste Ziel der Mädchenbildung war. Mädchen wurden zur höheren Bildung nur noch an Oberschulen zugelassen, zum Besuch einer anderen Schulform wurde eine ministerielle Genehmigung benötigt.

In der Besatzungszeit nach dem 2. Weltkrieg wurden alle Schulgesetze und Lehrpläne durch die Siegermächte aufgehoben. Erst nach 1955 war das neue Österreich wieder frei für eine eigene Bildungspolitik.

1955 bis heute

1962 gab es eine erste Schulnovelle. In dieser wurde die Unterrichtspflicht auf neun Jahre verlängert. Zur Ausbildung zum Lehrer ist der Besuch einer pädagogischen Akademie (anstatt einer Lehrerbildungsanstalt) notwendig. Die zweite Schulnovelle kam 1974 zustande. Mit ihr trat das heute noch gültige Schulunterrichtsgesetz (SCHUG) in Kraft.

Die Einführung der Koedukation erfolgte im Jahre 1975, seit 1979 werden Knaben und Mädchen auch im Werk- und später im Turnunterricht an Volksschulen nicht mehr getrennt. 1982 ratifizierte Österreich die Konvention zur Beseitigung jeder Form von Diskriminierung der Frau.

Lehrer in Österreich: 1970/71 - 68.342 Lehrer
1980/81 – 100.561 Lehrer
1990/91 - 112.746 Lehrer
2000/01 – 125.177 Lehrer
2007/08 - 120.226 Lehrer

Schüler in Österreich: 1971 – 1.241.536 Schüler
1981 – 1.116.173 Schüler
1991 – 1.287.721 Schüler
2001 - 1.261.280 Schüler

Seit 1970, als es erst 68.342 Lehrer in Österreich gab, verdoppelte sich deren Anzahl beinahe auf 125.177 im Schuljahr 2000/2001. Dieser Anstieg ist vor allem auf weiterführende Schulen zurückzuführen, die Zahl der Volksschullehrer erhöhte sich um etwa 45 % auf knapp 35.000 im Jahr 2000/2001, sank aber bis 2008 wieder auf 31.768. Die Zahl der Hauptschullehrer stieg im selben Zeitraum von 16.412 auf rund 35.000, um bis 2008 auf 31.201 Lehrkräfte zurückzugehen. Lediglich bei den AHS- und BMHS-Lehrern ist auch nach 2001 ein weiterer, wenn auch geringer, Anstieg zu verzeichnen. Die Zahl der BMHS-Lehrer erhöhte sich von 8.313 im Schuljahr 1970/1971 auf 21.200 im Schuljahr 2007/2008. Die Zahl der AHS-Lehrer stieg im selben Zeitraum von 9.484 auf 20.356 Personen

21. Jahrhundert:

Wegen des schlechten Abschneidens bei der PISA-Studie soll eine große Bildungsreform das österreichische Bildungssystem wieder an die Spitze in der Welt bringen. Zu unterschiedlich sind aber die Vorstellungen der beiden Großparteien, sodass kein Gesetz die dafür nötige Zweidrittel-Mehrheit im Parlament erreicht.

Mit 1. Oktober 2007 wurde die Aus- und Weiterbildung von Lehrern neu geregelt. Pädagogischen Akademien, Berufspädagogischen Akademien, Religionspädagogischen Institute und Pädagogische Institute wurden in Pädagogischen Hochschulen zusammengefasst. Hier findet die Ausbildung aller Pflichtschullehrer und die Weiterbildung aller Lehrer statt. Die Ausbildung der Lehrer für höhere Schulen findet nach wie vor an den Universitäten statt.

Pauker & Pennäler

Als Lehrer hatte ich zu Beginn des Unterrichts die
fehlenden Schüler im Klassenbuch einzutragen. Da
ich am vergangenen Wochenende mit meinen noch
kleinen Kindern im Kasperltheater war, stellte ich
meine diesbezügliche Frage diesmal anders: „Seid
ihr alle da?" Sofort stiegen meine 16-jährigen Schüler darauf ein und riefen im Chor: „Ja, Kasperl!" Die
Klasse war neugierig, wie ich reagieren würde. Ich
aber musste herzlich lachen über diese schlagferti-
ge Antwort.

Zeugnisse und Noten

Noten und Zeugnisse sind eine Selbstverständlichkeit und begleiten die Schüler ihren gesamten Schulweg. Die Suche nach alternativen Leistungsbeurteilungen ist immer im Gange.

Da wir in einer Leistungsgesellschaft leben, in der die Leistung des Einzelnen seine gesellschaftliche Position bestimmt, wurden in der Schule zu Beginn des 19. Jh. Noten und Zeugnisse eingeführt.

1918 erhielten zuerst die Volksschulen die Berechtigung zur Notengebung, als Auslesefunktion für den Übergang nach der 4. Klasse zu Gymnasium oder Hauptschule.

So sind Noten nach wie vor Selektionskriterien zur Berechtigung für den weiteren sozialen Aufstieg. Noten werden aber auch herangezogen zur Kontrolle von Lehrern, der Notenspiegel einer Klasse als Grad des Leistungsniveaus.

Auch als Information und Rückmeldung für Schüler, Eltern und auch Lehrer dienen die Noten. Leider werden Noten oft zur Disziplinierung eingesetzt. Ein vorlauter, unruhiger Schüler bekommt bei gleicher Leistung die schlechtere Note.

Ich meine, dass heute mitunter Leistungsdenken verpönt ist. Mit guten Noten gilt der Schüler als „Streber". Hat er ein negatives Zeugnis, so sagt man "Kein Grund zur Panik!" Für einen Erwachsenen ist es überhaupt nicht peinlich, wenn er stolz verkündet, eine Niete in Mathematik zu sein. In den Schulen gilt, Schüler nicht durch schlechte Noten zu frustrieren. Die Folge ist ein sinkendes Leistungsniveau. Natürlich meine ich nicht, die Schüler im Unterricht ständig unter Druck zu setzen. Aber die Leistung von Schülern wie von Lehrern sollte doch untersucht werden. Nach Ende der Schulzeit, im Beruf, geht es ohne Leistung nicht mehr. Unsere Maturanten scheitern an den Universitäten, weil dort gnadenlos ausgesiebt wird. Ein Handwerksmeister findet unter zehn Pflichtschulabsolventen keinen Lehrlingsanwärter, der wenigstens halbwegs den Anforderungen genügt. Der Lehrling kostet der Firma immerhin ca. 70.000 Euro und ist praktisch unkündbar.

Bei den Aufnahmetests an den Unis schneiden ausländische Studenten besser ab als unsere. Die Schulnoten sind dort nicht unwichtig!

Bei uns kann ein Lehrer Schwierigkeiten mit seiner vorgesetzten Dienststelle bekommen, wenn er wiederholt schlechte Noten gibt.

Sinnhaftigkeit von Noten und Zeugnissen

Welche negativen Faktoren können eine Rolle bei der Notenvergabe spielen?

Reinigungsfehler. Eine durchschnittliche Prüfungsleistung unmittelbar nach einer sehr schwachen Prüfung wird besser bewertet.

Logische Fehler. Ein in der Regel guter Schüler wird milder beurteilt, auch wenn er fallweise wenig weiß. Ein guter Schüler in Mathematik muss doch auch gut in Physik sein, denkt man.

Halo-Effekte. Das äußere Erscheinungsbild und das

Auftreten des Schülers beeinflussen die Beurteilung des Lehrers.

Strengefehler. Der Lehrer vergibt vorwiegend schlechte Noten.

Mildefehler. Der Lehrer vergibt vorwiegend gute Noten.

Tendenz zur Mitte. Vergabe von vorwiegend durchschnittlichen Noten.

Tendenz zu Extremurteilen. Nur extrem gute oder schlechte Noten werden verteilt.

Soziale Herkunft. Ein Kind, dessen Vater Matura hat, wird leichter die Berechtigung zum Besuch des Gymnasiums erhalten als ein Kind eines Vaters ohne Schulabschluss bei gleicher Leistung der Kinder.

Man sieht in dieser Aufstellung, dass es für den Lehrer nicht leicht ist, gerechte Noten zu geben.

Image des Lehrers

Kaum ein Berufsstand wird so häufig in die Öffentlichkeit gezerrt - im Großen – in den Medien. Und im Kleinen: So es häusliche Tischgemeinschaft überhaupt noch gibt, kann es einem einzelnen Lehrer, der einen schlechten Tag hatte, passieren, dass er an diesem Tag an 200 Abendtischen Gesprächsthema ist.

Dies ist eine der problematischen Seiten des Lehrerberufes. Natürlich müssen schulisches Geschehen und Lehrerhandeln transparent sein. Aber es erschwert das Bemühen um Bildung und Erziehung in der Schule ungemein, wenn jeder und jede glaubt, auf diese Gebiet schlau mitreden zu können und kompetent zu sein.

Unsere Bildungseinrichtungen und ihr Personal sollten mit Kritik offen und ehrlich umgehen, wenn diese fair vorgetragen wird. Volkssport aber scheint etwas anderes geworden zu sein: Heute dominiert in Sachen Lehrberuf öffentlich das dumme Gerede. Und diverse Politiker samt medialem Anhang machen dieses Gerede nicht nur salonfähig; sie liefern auch noch Stichworte.

TALIS, eine Fragebogenerhebung unter Lehrern von Hauptschule und AHS-Unterstufe in 20 EU-Ländern hat für Österreich vernichtende Ergebnisse gebracht. Danach schwänzen nicht nur Schüler den Unterricht, kommen zu spät und sind schlecht vorbereitet, sondern genau so oft passiert dies bei den Lehrern. Auch mit der Weiterbildung der Lehrer stehe es schlecht.

„Es ist ein Schicksal des Volkes, welche Lehrer es hervorbringt und wie es seine Lehrer achtet." Dieser Satz stammt von einem der namhaftesten deutschen Philosophen, nämlich von Karl Jaspers.

Das Gros der Lehrer, ihre Chefs und Vertreter wissen, welche Lehrer sie nicht mögen und brauchen können. Deshalb sind die Schulleiter und auch ihre Lehrerkollegien stinksauer auf diejenigen, die sich um Klassenfahrten herumdrücken; die mit Korrekturen nicht fertig werden; die ausgerechnet immer am Elternsprechtag „krank" sind; die Innovation mit Schaumschlägerei verwechseln; die miserable Notenschnitte einfahren und dafür ausschließlich die Klasse verantwortlich machen. Ca. zehn Prozent der Lehrer arbeiten nicht gut. Das Dumme daran ist, dass schon ein einziger Lehrer die solide und engagierte Arbeit des gesamten restlichen Kollegiums in Misskredit bringen kann. Tatsache ist aber auch: Die überwältigende Mehrheit der Lehrer macht eine gute und vielfach sogar aufopfernde Arbeit: im schulischen Unterrichtsalltag, bei Elterngesprächen, bei Wandertagen, bei Wettbewerben, in Lesenächten, in der Schülerzeitungsredaktion, beim internationalen Schüleraustausch, bei der Suche nach Lehrstellen für angehende Schulabsolventen, in Schulbibliotheken.

Aber selbst Lehrer mit stabilem Nervenkostüm sind am Resignieren und gestehen ein, wie schwierig es ist, in einer Klasse tagtäglich zeitraubend ein Klima schaffen zu müssen, das nach Unterricht aussieht. Und sie schwanken zwischen Resignation und Wut,

wenn selbst zehn schriftlich oder telefonisch über-
mittelte Einladungen zum Gespräch von Eltern un-
beantwortet bleiben.
Damit abfinden müssen sich Lehrer auch, wenn ein
wachsender Teil der Elternschaft Noten oder erzie-
herische Maßnahmen der Schule im blind-
narzisstischen Glauben an das eigene Kind anficht,
mit dem Rechtsanwalt droht oder gar das Gericht
bemüht.

Arbeitszeit der Lehrer

Realität ist auch, dass sehr viele Lehrer eine erheblich längere Jahresarbeitszeit haben als Träger anderer Berufe. Von den 1.600 Arbeitsstunden pro Jahr, die ein Industriearbeiter in der Arbeit ist, können die meisten Lehrer nur träumen: Auf 1.800 bis 2.000 Arbeitsstunden kommt ein Lehrer einer weiterführenden Schule pro Jahr. Allein 1.000 Stunden korrigiert ein Deutsch- bzw. Englischlehrer eines Gymnasiums pro Jahr. Er hat schließlich in bis zu sieben verschiedenen Deutsch- bzw. Englischklassen mehr als 200 Schüler, die in einem einzigen Schuljahr in der Summe rund 4.000 Prüfungsaufsätze, Übungsaufsätze, Übersetzungen, Diktate und dergleichen zur gefälligen Korrektur produzieren. In dieser Aufzählung ist die Vorbereitung und Unterrichtsdurchführung nicht einbezogen. Wöchentlich kommt damit so mancher Lehrer alles in allem auf Arbeitszeiten von 50 Stunden und mehr. In den Ferien, die ihm von Vielen nicht gegönnt werden, muss er trachten, sich in seinem Fach weiterzubilden, um möglichst auf den letzten Wissensstand zu kommen. Die Schüler merken nämlich sehr schnell, ob ihr Lehrer fachlich kompetent ist.
Viele außerschulische Aufgaben werden den Lehrern aufgebürdet. Sie sind bei Gewalttätigkeit der Jugend verantwortlich, wenn Kinder Haltungsschäden haben oder an Übergewicht leiden, wenn Schüler keine Hausaufgaben machen,…

Der Lehrer in der Literatur

Wenn deutsche Dichter und Denker über die Schule geschrieben haben, dann leider meistens negativ. Auch die Namen, die Lehrer in der Literatur bekamen, sprechen Bände: Affenschmalz, Knüppeldick, Unrat heißen sie etwa bei Frank Wedekind oder Heinrich Mann.

Und selbst bei Thomas Mann erlebt man Lehrer überwiegend als grausam, lächerlich, verstockt, senil oder besessen. Gottfried Keller, Hermann Hesse, Rainer Maria Rilke, Robert Musil, Bertolt Brecht sind weitere Vertreter einer deutschsprachigen Literatur, die ein sehr kritisches Lehrerbild kennt.

Das überwiegend Negative setzt sich mit Legendenbildungen um Genies der Deutschen fort. Albert Einstein, Wilhelm Busch, Justus von Liebig, Theodor Fontane, Robert Bosch sollen schlechte Schüler gewesen sein, so will es die Legende. Dass Hölderlin, Schopenhauer, Nietzsche, hervorragende Schüler waren, passt nicht in diese Legendenbildung. Und ebenso wenig passt es ins Bild, dass Georg Wilhelm Friedrich Hegel der berühmteste deutsche Schulleiter war, nämlich von 1809 bis 1815 als Gymnasialdirektor in Nürnberg.

Lehrer brauchen Rückhalt in der Gesellschaft. Es ist jedenfalls bezeichnend, dass das Ansehen von Schule und Lehrerberuf offenbar mit der nationalen PISA-Leistung korreliert. In Skandinavien ist der Ruf der Lehrer und der Respekt vor ihnen wesentlich besser. Ist ja pädagogisch auch ganz einfach:

Wenn die Autorität der Schule und ihrer Lehrer öffentlich schlecht gemacht wird, muss man sich nicht wundern, wenn die jungen Leute diese Einrichtungen und ihre Lehrer nicht mehr ernst nehmen.

Lehrer brauchen Leistungsanreize. Aber das Materielle ist nicht unbedingt das Wichtigste. Lehrer brauchen vor allem Anerkennung.

Lehrer brauchen sodann Chefs, die sich vor sie stellen, wenn Eltern oder Öffentlichkeit über sie herziehen. Im Übrigen brauchen wir Lehrer, die Persönlichkeit zeigen. Wir brauchen keine Normierten, sondern Individuen, ja vielleicht sogar wieder ein paar Originale!

Oft wird die Schule und vor allem der Lehrer von Dichtern und Romanciers beschrieben und besungen. Doch leider meist negativ.

Heinrich Mann:
- Professor Unrat oder das Ende eines Tyrannen: *1905, Mit erbarmungsloser Schärfe wird der Schultyrann Prof. Raat, genannt Unrat, getroffen; er geht an der Tänzerin Fröhlich zu Grunde, vor der er seine Schüler hätte bewahren wollen.*

Hermann Hesse:
- Unterm Rad, 1905, *Hier wird der Ausbruch aus der Bürgerordnung mit 15 Jahren als Ausbruch aus des Klosterschule Maulbronn dargestellt*

-Narziss und Goldmund, 1930, ein großer Bildungsroman

Erich Kästner:
- Das fliegende Klassenzimmer
- Das Haus der Erinnerung, *Treffen der Schulklasse nach 25 Jahren mit ihrem Professor.*

Ludwig Thoma:
- Lausbubengeschichten (1904 – 1907)

Robert Musil: Die Verwirrungen des Zöglings Törless
Anna Maria Jokl: Die Perlmutterfarbe
Jurek Becker: Schlaflose Tage
Morton Rhue: Die Welle
Alfred Andersch: Der Vater eines Mörders
Robert Schneider: Schlafes Bruder
Arno Holz: Der erste Schultag
Ödön von Horváth: Jugend ohne Gott
Alfred Döblin: Karl und Rosa (Bd. 4 der Tetralogie)
Thomas Mann: Buddenbrooks: die Schulepisode
Siegfried Lenz: Schweigeminute

Romane
Kai Weyand, *Schiefer eröffnet spanisch*, 2008. J.L. Carr, *The Harpole Report*, 1972. J.L. Carr, *The Battle of Pollocks Crossing*, 1985. Nominiert für den Booker Prize.
Markus Orths, *Lehrerzimmer*, 2003
Jakob Arjouni, *Hausaufgaben*, 2005
James Hilton, *Good-Bye Mr Chips*, 1933
Frank McCourt, *Tag und Nacht und auch im Sommer. Erinnerungen* (Originaltitel: *Teacher Man. A Memoir*),
Frank McCourt, Pulitzerpreisträger, *Die Asche mei-*

ner Mutter Frank McCourt ist mit seinen Korrekturen überfordert
Frank McCourt, *Der Lehrerfreund, 09.12.2006*
Morton Rhue: Die Welle
Tom Sharpe, *Wilt* (1976), dt. *Puppenmord*. Eine Kriminalgroteske
Dietrich Weichold, *...und nebenbei ein toter Lehrer*. Stuttgart: Schmetterling Verlag 2009.
Die Romantik einer „Feuerzangenbowle" gerät dabei in den Hintergrund, auch wenn es in deren Widmungsadresse heißt: „Dieser Roman ist ein Loblied auf die Schule, aber es ist möglich, dass die Schule es nicht merkt."

Der Lehrer im Deutschsprachigen Film
☐ Mädchen in Uniform [1931]
☐ Die Feuerzangenbowle [1944]
☐ Pünktchen und Anton [1953/ 1999]
☐ Das fliegende Klassenzimmer [1954
☐ Der Pauker [1958)
☐ Mädchen in Uniform
☐ Hurra, die Schule brennt! [1969]
✤ Ghettokids [2002]
☐ Das fliegende Klassenzimmer [Remake 2003]
☐ Der Wald vor lauter Bäumen [2003]
☐ Wer früher stirbt ist länger tot. [2006]
☐ Guten Morgen, Herr Grothe [2007]
☐ Die Welle [2008]

Berufswahl

Die Berufswahl ist eine sehr wichtige, aber auch eine sehr schwierige Entscheidung, die das weitere Leben beeinflusst.

Dabei ist die Wahl des zukünftigen Berufes eines der wenigen wichtigen Dinge, die der Mensch selbst aussuchen kann. Heimat, sozialen Status, Eltern, Geschwister, ja nicht einmal die Lehrer kann er sich in der Regel selbst aussuchen. In der Praxis können die meisten Menschen auch ihren zukünftigen Beruf nicht selbst aussuchen. 80 % der Berufe werden von den Eltern ausgesucht! Oder man folgt einfach Freunden und Mitschülern.

Bei der Berufswahl sollten folgende Punkte bedacht werden:

• Was sind meine persönlichen Interessen und Begabungen?

• Wie gehe ich mit Menschen um?

• Wie drücke ich mich aus?

• Wie wirke ich auf andere Menschen?

• Welche Vorstellungen habe ich von meinem Arbeitsplatz?

• Welche Vorstellung habe ich von meiner Arbeitszeit?

• Wie wichtig ist mir mein Verdienst?

• Welche Berufe gelten als zukunftsträchtig bzw. welche Berufe verlieren an Bedeutung?

Kann man diese Fragen für sich beantworten, ist man schon einen wesentlichen Schritt weiter, da sich dadurch die große Anzahl der Berufe eingrenzen lässt.

Gespräche mit Familie, Freundeskreis und Lehrerinnen/Lehrer sind sehr hilfreich, um sich Klarheit zu verschaffen. Nach diesen Überlegungen können Berufsberaterinnen/Berufsberater helfen, Vorstellungen zu konkretisieren. An jeder Schule gibt es speziell ausgebildete Lehrer: Berufs- und Studienberater. Sie informieren über die verschiedenen Ausbildungsmöglichkeiten und Berufsbilder.

Nach Beendigung der neunjährigen Schulpflicht kann eine Ausbildung begonnen werden.

Beispiele für Ausbildungsmöglichkeiten:

- Lehre
- Berufsbildende mittlere und höhere Schulen
- Allgemeinbildende höhere Schulen
- Fachhochschule
- Universität

Doch häufig kann man sich direkt nach Vollendung der Schulpflicht bzw. nach dem Schulabschluss oder der Matura nicht eindeutig für einen Beruf entscheiden oder es ist kein entsprechender Ausbildungsplatz vorhanden. In diesem Falle sollte man Alternativen überlegt haben.

Die Eltern wollen für ihre Kinder nur das Beste. Man bedenke aber das Sprichwort: Das Beste ist der Feind des Guten. Oft habe ich als Lehrer erfahren müssen, dass Eltern ihre eigenen Kinder nicht objektiv in deren Fähigkeiten und Begabungen einschätzen konnten. Sie drängten ihre Kinder in Schulen, die die falschen für sie waren. Sie lieben ihre Sprösslinge über alles - und Liebe macht bekanntlich blind.

Die Eltern haben einen Betrieb mit enormem Einsatz aufgebaut und wollen, dass der Sohn diesen weiterführt. Der Vater wollte vielleicht selbst gerne Arzt werden und aus irgendeinem Grund war ihm dies verwehrt gewesen. Sein Kind soll nun diesen seinen Berufswunsch erfüllen. Die Mutter konnte ihr Studium nicht vollenden. Jetzt soll die Tochter deren damals angestrebten Beruf ergreifen.
Gott sei Dank ist die Zeit vorbei, wo der einmal gewählte Beruf bis zur Pension ausgeübt werden muss! Das Rad der Zeit dreht sich immer schneller. Was man bei seiner Berufsausbildung gelernt hat, ist bald überholt. Wer nicht ständig weiterlernt, wird bald aus dem Rad fallen. Viele Berufe sterben aus und viele neue entstehen mit neuen Chancen für Arbeitswillige.

Lehrerausbildung

Bis in die Mitte der 60er Jahre wurden alle Pflichtschullehrer in der 5-jährigen Lehrerbildungsanstalt
(LBA) ausgebildet, einer Berufsbildenten Mittelschule. Angeschlossen waren eine Volks– und eine
Hauptschule als Übungsschulen, in denen ab der 3.
Klasse die angehenden Lehrer in die Praxis des Unterrichtes eingeführt wurden. Nach der Matura, bei
der in jedem Prüfungsfach auch eine für das künftige Unterrichten abgestimmte Frage war, konnte
man in einer VS unterrichten. Man musste daneben
Kurse besuchen und dann eine Lehrbefähigungsprü-
fung für VS oder HS ablegen. Gymnasiallehrer hatten ein Lehramtsstudium an der Uni zu absolvieren.
Für Pflichtschullehrer kam dann die Pädagogische
Akademie, die jetzt Pädagogische Hochschule (PH)
heißt. Die Gymnsiallehrer werden weiterhin an den
Unis ausgebildet.
Nun ist geplant, alle Pädagogen einheitlich auszu-
bilden.
*Eine Umfrage unter den zukünftigen Lehrern (Ifes)
ergab ein erschütterndes Ergebnis:*
**) 2/3 der Befragten kritisieren den fehlenden Pra-
xisbezug und die unzureichende pädagogische Wissensvermittlung*
**) Kaum vermittelt wird ein positiver menschlicher
Zugang zu Kindern*
*) 66% fehlt Wissen über Begabtenförderung
**) Methoden der Klassenführung, Umgang mit Ge-
walt und Unterricht in einem multikulturellem Um-*

feld fehlen fast ganz.

Großen Verbesserungsbedarf sehen die angehenden Lehrer im heimischen Schulsystem. Nur 42% der PH-Studenten und 29% an der Uni bezeichnen den österreichischen Schulunterricht als gut. Die Qualität der Lehrer wird ähnlich schlecht bewertet.

60% der Studenten gaben dem Image der Lehrer die Note 4 oder 5. Als Schuldige wurden die Frau Ministerin, die Medien und die Lehrergewerkschaft genannt.

86% sind daher für eine zügige Schulreform obwohl die Meisten nicht wissen wie das Ziel aussehen soll.

Renee' Schroeder, Wissenschafterin des Jahres 2002, Wittgenstein-Preisträgerin 2003, FWF-Vizepräsidentin (Fonds zur Förderung der wissenschaftlichen Forschung) sagte bei einem Interview im Standard am 31.07.2010: *„Die Ausbildung der Lehramtskandidaten ist schlecht. Die Lehrer haben bei uns generell einen schlechten Ruf, und die Studierenden, die „nur" Lehramt machen, werden sowieso schon auf die Seite geschoben. Ich finde, die Lehrer brauchen eine tolle PR, und wir brauchen eine Selektion für die besten Lehrer. Ich unterichte auch Lehramtskandidaten. Ich war entsetzt. Da waren 20 Studierende, zwei sind mir gefolgt, die anderen haben dieses absolut desinteressierte Geht-mich-nix-an-Gesicht, und ich denke mir: Und die sollen unsere Kinder vorbereiten, dass sie dann in die Mint-Fächer (Mathematik, Information, Naturwissenschaft, Technik) gehen?*
„Ich würde zuerst die Lehrerausbildung auf top bringen, die besten Professoren für die Lehramtskandidaten und nicht die Schwächsten. Ich weiß, da krieg ich Watschen, wenn ich das sag, da zucken alle, aber es reagiert keiner, weil es ein wunder Punkt ist."

Der Arbeitsplatz Schule

Der Arbeitsplatz Schule wird für immer mehr Lehrer in immer früheren Berufsjahren zur Zerreißprobe. Über die Hälfte der Unterrichtenden scheiden vor Erreichung ihres Pensionsalters aus dem Schuldienst aus. Wiederum mehr als die Hälfte dieser Frühpensionierungen erfolgt aus psychischen oder psychosomatischen Erkrankungen. Eine der Ursachen dafür ist die Zunahme an Aufgaben, die über die Wissensvermittlung weit hinausgeht. Dies sind Überforderung bei Erziehungsschwierigkeiten, Beurteilung und Notengebung, Angst den Stoff nicht genügend zu beherrschen und Fehler zu machen, Angst vor Vorgesetzten oder einflussreichen Eltern, Angst vor Schülern, Kollegen oder dem Direktor, … Bei 2/3 der LehrerInnen liegt eine ernstzunehmende Burn-out-Gefährdung vor. Es ist deshalb dringend nötig, den Unterrichtenden Hilfen zu geben, um ihren immer schwieriger werdenden Beruf gut bestehen zu können.
Physik-, Biologie-, Geographie-kammerl, um etwas Ruhe zwischen den Unterrichtsstunden zu finden. Wenn vorhanden, ist das Kaffeekammerl ein begehrter Treffpunkt in den Pausen und Freistunden.

Regeln für guten Unterricht

• Vorbereitung des Klassenraumes: Raumgestaltung, Bewegungsmöglichkeiten, Ordnung
• Klares Ziel formulieren, Regeln festlegen aber auch Freiräume der Schüler.
• Lernfreundliches Klima schaffen, Angstfreiheit, gegenseitige Wertschätzung , Gerechtigkeit, niemand wird ausgelacht, keine Wortmeldung geringgeachtet
• Hoher Anteil echter Lernzeit. Pünktlichkeit, kein störender Organisationskram (KV-Arbeit, Erwähnung des Tages des Apfels, des Waldes,…, gute Zeiteinteilung
• Klarer Inhalt: Verständlichkeit der Aufgabenstellung und des Arbeitsganges, Ergebnissicherung.
• Methodenvielfalt: variabler Verlauf des Unterrichtes, Aktivierung möglichst aller Schüler, selbstgesteuertes Lernen zulassen und unterstützen
• Gemeinsames Lernen in Gruppen und Teams zulassen: Vertrauen in die Fähigkeiten der Schüler zeigen
• Gesprächskultur: gegenseitiger Respekt, Beteiligung aller schon bei der Planung (Schülerkonferenz), Feedback,
• Keine Hast: Geduld, sich Zeit nehmen für individuelle Förderung „schwächerer" Schüler, Lernstandsanalyse
• Richtiges Üben und Sichern des Erlernten: Lernstrategien bewusst machen, Passende Übungsauf-

gaben, Gelerntes in lebenspraktischen Situationen anwenden
• Klare Leistungserwartung: Prüfungsfragen formulieren

Unterrichtsmethoden

Ein Thema, das sehr viel diskutiert wird, und das trotzdem nie für alle Beteiligten zufriedenstellend gelöst wurde.

Ich meine, dass keine einzige Methode das non plus ultra des Unterrichten ist, sondern möglichst viele verschiedene machen es abwechlungsreich und spannend.

Meist ist der Lehrervortrag vorherrschend, der Frontalunterricht. Wir Lehrer haben dies in unserer eigenen Schulzeit oft so erlebt und an der Uni hat es sonst kaum etwas gegeben. Der Vorteil für den Lehrer: er kann viel Stoff in wenig Zeit unterbringen, viele Schüler können nicht folgen und dösen in aller Stille vor sich hin. Wenn ein Schüler stören will, kann er mit der Frage: „Was habe ich eben gesagt?" zum Schweigen gebracht werden und er bekommt zusätzlich ein „Minus". Der Nachteil: Für den Großteil der Schüler ist dies eine verlorene Zeit. Sie können nicht folgen, getrauen sich auch nicht zu fragen.

Eine weitere bequeme Methode ist das Diktieren des Merkstoffes. Vorteil für den Lehrer: Schön geführte Hefte, der Schüler lernt dies auswendig wie ein Gedicht und sagt es bei der Prüfung auf. Der Lehrer sieht dabei, ob gelernt wurde. Durch das Beschleunigen des Diktierens kann beginnende Unruhe verhindert werden. Zwischenfragen sind bei diesen beiden Methoden selten. Die Mitarbeit und vor allem das Mitdenken der Schüler ist nur sehr gering.

Ich habe mit 35 Jahren eine Ausbildung zum Erwachsenenbildner gemacht und dabei viele für mich neue Methoden kennengelernt. Bei vielen Seminaren für Braut- und Ehepaare, für Familien, für Berufsberatung, ... habe ich darin Erfahrung sammeln dürfen und dann in meinem Schulunterricht ausprobieren.

Die Gruppenarbeit ist für den Lehrer viel arbeitsintensiver. Für manche Kapitel in Physik war diese Methode für mich sehr geeignet. Z.B.:
*)der Beginn der Elektrizität. Gruppen zu ca. 5 Personen. ein Sprecher, ein Schriftführer, ein Protokolschreiber, zwei Mechaniker. Jede Gruppe bekommt ein altes Elektrogerät. (Radio, Bügeleisen, Strahler,...) Aufgabe: Zerlegen , einzelne Teile beschreiben, ordnen, Funktion erkennen: Wirkungen des elektrischen Stromes (Wärme, Licht, Bewegung, Magnetismus), Erkennen: Leiter und Nichtleiter. Sprecher berichten der Klasse, Zusammenfassung der Ergebnisse an der Tafel.
Sehr beliebt bei den meisten Schülern, Lehrer ist sehr gefordert. Er eilt von Gruppe zu Gruppe, hilft, beantwortet Fragen, achtet auf Ordnung,...
*)Überschrift an die Tafel schreiben. Gruppeneinteilung. Jede Gruppe bekommt einen Teil der Arbeit zugeteilt. Mit Hilfe des Buches und mit schon vorhandenem Wissen finden die Gruppen das Wesentliche und formulieren den Merkstoff. Sie formulieren auch die Prüfungsfragen. Mit Hilfe des Lehrers machen einige Schüler passende Versuche.
*)In Mathematik kann eine Übungsstunde in Grup-

pen Erfolg haben. Gute Schüler können dabei den schwächeren helfen. Der Lehrer geht von Gruppe zu Gruppe.

Mein Direktor kam zufällig in eine solche Stunde mit Gruppenarbeit. Vielleicht war es auch etwas lauter als beim Frontalunterricht und er kam deshalb. Interessiert blieb er bis zum Schluss. Er ersuchte mich, bei der nächsten Konferenz über Gruppenarbeit etwas zu erzählen. Dies habe ich dann auch getan. Viele Kollegen waren sehr interessiert und haben noch viele Fragen gestellt. Einige wenige waren fast erbost. Sie behaupteten, ich würde dies nur machen, um wenig Arbeit zu haben. Wer dies aber einmal versucht hat, der weiß, dass es viel mehr Arbeit macht als wenn man nur sein erlerntes Fachwissen aufsagt.

Entdeckendes Lernen macht den Schülern Freude. Z.B. im Physikunterricht erfinden sie das Archimedische Prinzip fast alleine. Auf jede Bank stellte ich ein Gefäß mit Wasser und daneben verschiedene Gegenstände. Mit Hilfe von Federwaagen können Schüler frei untersuchen, welche Gegenstände in welchen Flüssigkeiten sinken, schweben oder schwimmen und warum.

Mathematik: In der Oberstufe des Gymnasiums wird ein Problem gegeben und Schüler suchen einen Lösungsweg. Das Problem kann verschiedenartig gelöst werden, etwa analytisch oder trigonometrisch. Schüler rechnen auf verschiedenen Wegen. Was war besser und warum?

Schüler unterrichten einzelne Kapitel, von denen sie

viel wissen. Z.B. erklärte ein guter Musiker uns die Blasinstrumente, ein anderer die Saiteninstrumente. Ein älterer Schüler referierte über unser Sonnensystem und die Klasse stellte sehr engagiert viele Fragen dazu.

Physikalische Versuche machen die Schüler selbst, der Lehrer hat nur vorbereitet. Sie sprechen darüber und erkennen Zusammenhänge bis zu Gesetzen. Solche Versuche lassen sich auch am Computer mit dem passenden Programm durchführen. Ich habe gute Erfahrungen gemacht z.B. in der Optik. (Reflexion, Brechung,...), Interferenz von Wellen, Modulation,...

Stillarbeit: Eine Aufgabe wird gestellt und jeder Schüler für sich ist tätig. Lehrer geht herum, beobachtet, gibt Denkanstöße. In Mathematik hatte ich damit gute Erfolge. Die geistige Selbstständigkeit wird gefördert. Die sogenannte „Stillbeschäftigung" ist aber zu vermeiden, weil jeder Schüler irgend etwas tut, ohne ein gemeinsames Thema.

Erarbeitender Unterricht: Diese Methode habe ich sehr häufig verwendet. Schüler und Lehrer erarbeiten miteinander den Stoff. Meinungen und auch Urteile anderer sind zu achten und wenn möglich zu verwerten. Die Schüler lernen eigene Meinungen zu formulieren und die Meinungen anderer zu hören.

Impulsreferat: kurz und prägnant werden die Kerndaten und wichtigsten Fakten zu einem bestimmten Themenkomplex dargelegt, um relativ schnell zu einer fruchtbaren, möglichst kontroversen Diskussion zu gelangen.

Es sollte aber wenn möglich keine Methode eine

ganze Stunde vorherrschen.

Keine Methode ist für jeden Unterrichtsstoff gleich gut geeignet und keine Methode ist für jeden Lehrer und auch jede Schulklasse gut geeignet. Aber um das herauszufinden, sollte jeder Lehrer den Mut haben, zu experimentieren.

Auch die Verwendung verschiedener Medien ist Bereicherung und Auflockerung des Unterrichtes. Tafelbild, Schulbuch, Video, Bild, als Folie für den Tageslichtprojektor oder als Plakat, Audio, von Geräuschen bis zu Hörspielen, insbesondere im Fremdsprachenunterricht.

TALIS (Teaching and Learning int. Survey) ist eine Fragenbogen-Erhebung unter Lehrern von Hauptschulen und AHS Unterstufe. Vergleichsergebnisse der 20 OECD-Länder wurden 2009 veröffentlicht. Wesentliches Ergebnis für Österreich: Die Lehrer gehen zu wenig auf die individuellen Anforderungen der Schüler ein, zu wenig offener Unterricht. Deshalb ist der Erfolg sehr unterschiedlich vom Lehrer abhängig.

Offener Unterricht: Lehrer und Schüler gleichberechtigt, ganz freie Zeiteinteilung, Partnerwahl und langfristige Arbeitsvorhaben

Geschlossener Unterricht: keine Gleichberechtigung, der Lehrer bestimmt, wann wer mit wem wo arbeiten kann

Aussprüche berühmter und bekannter Menschen über die Schule

Eine Menge ist fürs Lernen lästig, nicht fördernd; viel nützlicher ist es, mit wenigen Schriftstellern sich recht beschäftigen, als viele durchzublättern.
Lucius Annaeus Seneca

"Denken ohne zu lernen ist töricht, Lernen ohne zu denken ist gefährlich." –
Laotse

"Sage es mir, und ich vergesse es; zeige es mir, und ich erinnere mich; lass es mich tun, und ich behalte es." –
Konfuzius

Die Autorität des Lehrers schadet oft denen, die lernen wollen.
Marcus Tullius Cicero

Bildung ist nicht das Befüllen von Fässern, sondern das Entzünden von Flammen.
Heraklit

Unsere Jugend ist heruntergekommen und zuchtlos. Die jungen Leute hören nicht mehr auf ihre Eltern. Das Ende der Welt ist nahe.
Keilschrifttext aus Ur um 2000 v. Chr.

Die Jugend liebt heutzutage den Luxus. Sie hat schlechte Manieren, verachtet die Autorität, hat keinen Respekt vor den älteren Leuten und schwatzt, wo sie arbeiten sollte. Die jungen Leute stehen nicht mehr auf, wenn ältere das Zimmer betreten. Sie widersprechen ihren Eltern, schwadronieren in der Gesellschaft, verschlingen bei Tisch Süßspeisen, legen die Beine übereinander und tyrannisieren ihre Lehrer.

Sokrates, gr. Philosoph, 470-399 v.Chr., Version 5
Für das Sokrates-Zitat gibt es keinen Beleg. Womöglich ist es einfach frei erfunden.

"Non vitae sed scholae discimus."
Nicht für das Leben, sondern für die Schule lernen wir.

Seneca (4 v.Chr. – 65 n.Chr.) römischer Philosoph, Dichter und Politiker; Zitat aus "epistulae morales ad Lucilium 106", in dem er seine Kritik am römischen Bildungssystem äußert. Die bekanntere verdrehte Version, "Non scholae, sed vitae discimus", begann sich um das 13. Jahrhundert herum durchzusetzen und wurde und wird von Lehrern, hauptsächlich Lateinlehrern, verwendet, um aus berufenem Munde zu belegen, dass das, was man in der Schule lernt, wichtig für's Leben sei.

Der Mensch hat drei Wege, klug zu handeln.
Erstens durch Nachdenken: Das ist der edelste.
Zweitens durch Nachahmen: Das ist der leichteste.
Drittens durch Erfahrung: Das ist der bitterste.
Konfuzius

Ich habe überhaupt keine Hoffnung mehr in die Zukunft unseres Landes, wenn einmal unsere Jugend die Männer von morgen stellt. Unsere Jugend ist unerträglich, unverantwortlich und entsetzlich anzusehen.
Aristoteles, griech. Philosoph, 384-322 v. Chr.

«Wer aus dem Schatten an die Sonne gegangen ist, wird davon etwas Farbe bekommen, auch wenn er gar nicht deswegen an die Sonne getreten war. Wer sich in irgendeinem Duftladen niedergelassen und sich eine Weile darin aufgehalten hat, trägt das Rüchlein des Ortes mit sich fort. Und wer einmal in die Schule irgendeines Lehrers gegangen ist, hat daraus notwendig etwas gewonnen, das selbst dem noch irgendwie zustatten kommt, der dem Unterricht nur nachlässig gefolgt ist. Versteh mich recht: ich sagte 'nur nachlässig', nicht etwa: 'widerstrebend'.
'Ja wie?' wirst du fragen, 'kennen wir nicht sattsam Schüler, die viele Jahre in der Schule versessen und nicht die geringste Färbung angenommen haben?' Wie sollte ich die nicht kennen! Es sind ja die beharrlichsten und sesshaftesten, die ich freilich nicht eigentlich als Schüler ihres Lehrers, sondern als seine Hinterbänkler ansprechen möchte. Diese Leute kommen ja nur um zu hören, nicht um zu lernen, nur um der Augen- und Ohrenweide willen. Groß, wirst du mir zugestehen, ist die Gruppe der Schüler, die in der Schule nur ein Vergnügungslokal für müssige Stunden erblicken.»
Seneca, um 4 v.Chr. - 65 n.Chr., Briefe an Lucilius

Schlecht steht es um den Schüler, der seinen Meister nicht überflügelt.
Leonando da Vinci

...und ist der Schüler nicht wenigstens die Hälfte seines Weges alleine gegangen, so hat er nichts gelernt.
Sokrates

Vielwisserei lehrt nicht Vernunft zu haben.
Heraklit

Man erstickt den Verstand der Kinder
unter einem Ballast unnützer Kenntnisse.
Voltaire

An unseren Schulen lernt man so gut wie nichts über die Fülle und so gut wie alles über den Leerlauf.
Billy, (*1932), Schweizer Aphoristiker

Ein Schleifstein passt nicht für alle Messer;
mancher Schüler lernt im Leben mehr als in der Schule.
Peter Rosegger, (1843 - 1918)

Wir sind die Schüler von heute, die in den Schulen von gestern mit Lehrern von vorgestern und Methoden aus dem Mittelalter auf die Probleme von morgen vorbereitet werden.
Kalenderspruch

Man soll Denken lehren, nicht Gedachtes.
Cornelius Gurlitt (1850-1938), Kunsthistoriker

Die Schule soll stets danach trachten, dass der junge Mensch sie als harmonische Persönlichkeit verlasse, nicht als Spezialist.
Albert Einstein

Die Schule lehrt dich nur das ABC, das meiste lernst du durch Erfahrung und durch eigenes Weh.
Hannelinde Hans

Das Urteil, das die Schule fällt, kann so wenig etwas Fertiges sein, als der Mensch in ihr fertig ist.
Georg Friedrich Wilhelm Hegel

Die Welt ist die wahre Schule,
denn da lernt man alles von selbst.
Johann Nepomuk Nestroy

Erziehung ist die organisierte Verteidigung der Erwachsenen gegen die Jugend.
Mark Twain (1835-1910), amerik. Schriftsteller

Die Geburt ist nicht ein augenblickliches Ereignis, sondern ein dauernder Vorgang. Das Ziel des Lebens ist es, ganz geboren zu werden und seine Tragik, dass die meisten von uns sterben, bevor sie ganz geboren sind. Zu leben bedeutet, jede Minute geboren zu werden. Der Tod tritt ein, wenn die Geburt aufhört.
Erich Fromm

Der Mensch soll lernen, nur die Ochsen büffeln.
Erich Kästner

Kleine Kinder nimmt man an die Hand, große beim Wort.
F. C. Schiermeyer

Die Aufgabe der Umgebung ist es nicht, das Kind zu formen, sondern ihm zu erlauben, sich zu offenbaren.
Maria Montessori

Wer die Laufbahn seiner Kinder zu verpfuschen gedenkt, der räume ihnen alle Hindernisse weg.
Emil Oesch (1894-1974), schweizer. Schriftsteller

Erziehung ist im Wesentlichen das Mittel, die Ausnahme zugunsten der Regel zu ruinieren.
Friedrich Nietzsche (1844-1900), dt. Philosoph

Es gibt keine vernünftigere Erziehung, als Vorbild zu sein, selbst, wenn es ein abschreckendes wäre.
Albert Einstein (1879-1955), dt.-amerik. Physiker

Ich erziehe meine Tochter antiautoritär, aber sie macht trotzdem nicht, was ich will.
Nina Hagen, Rocksängerin

Die einzige Zeit, in der meine Ausbildung unterbrochen wurde, war meine Schulzeit. –
George Bernard Shaw

Es gibt nur eine Sache auf der Welt die teurer ist als Bildung: Keine Bildung.
John F. Kennedy

Die Schulen, so wie sie heute sind, sind weder den Bedürfnissen des jungen Menschen, noch denen unserer jetzigen Epoche angepasst.
Maria Montessori, 1939

Lernen kann man stets nur von jenem, der seine Sache liebt, nicht von dem, der sie ablehnt.
Max Brod

Bildung ist, was übrig bleibt, wenn man alles, was man in der Schule lernte, vergessen hat.
Albert Einstein

Die Arbeit des Erziehers gleicht der eines Gärtners, der verschiedene Pflanzen pflegt. Eine Pflanze liebt den strahlenden Sonnenschein, die andere den kühlen Schatten; die eine liebt das Bachufer, die andere die dürre Bergspitze. Die eine gedeiht am besten auf sandigem Boden, die andere im fetten Lehm. Jede muss die ihrer Art angemessene Pflege haben, anderenfalls bleibt ihre Vollendung unbefriedigend.
Abbas Effendi (1844-1921), arab. Schriftgelehrter

Lehrer sind Menschen, die fremden dummen Kindern Erklärungen abgeben, die weder Schüler noch Lehrer interessieren
Elisabeth Schöffl-Pöll

Zwei Dinge sollen Kinder von ihren Eltern bekommen: Wurzeln und Flügel.
Johann Wolfgang von Goethe

Ruhig und langsam die Natur sich selber helfen lassen und sehen, dass die umgebenden Verhältnisse die Arbeit der Natur unterstützen, das ist Erziehung.
Ellen Key

Was nicht in die Wurzel geht, geht auch nicht in die Krone.
Friedrich Georg Jünger (1898-1977), Schriftsteller
Die Natur will, dass Kinder Kinder sind, bevor sie zum Erwachsenen werden.
Jean-Jacques Rousseau

Schulbildung ist etwas, das keinem schadet, vorausgesetzt, er macht sich später die Mühe, etwas Ordentliches zu lernen.
unbekannt

Der Schulbetrieb ist noch immer so organisiert, als wären alle Mütter den ganzen Tag zu Hause und als würde im Sommer die ganze Familie zum Einbringen der Ernte gebraucht.
unbekannt

Der ist der beste Lehrer, der sich nach und nach überflüssig macht.
George Orwell (1903-50), engl. Schriftsteller

Schule ist jenes Exil, in dem der Erwachsene das Kind solange hält, bis es imstande ist, in der Erwachsenenwelt zu leben, ohne zu stören.
Maria Montessori (1870-1952), ital. Ärztin u. Pädagogin

Ein Kind muss viel lernen, ehe es sich verstellen kann.
Ludwig Wittgenstein

Ein Klassentreffen ist eine Zusammenkunft von Menschen, die früher einmal gleich alt waren.
Verf. unbekannt

Ein guter Lehrer hat nur eine Sorge: zu lehren, wie man ohne ihn auskomme.
André Gide (1869-1951), frz. Schriftsteller

Die Kinder lernen in der Schule, dass Ehrlichkeit, Lauterkeit und die Sorge um das Seelenheil die leitenden Prinzipien des Lebens sein sollten, während das "Leben" lehrt, dass die Befolgung diese Grundsätze uns bestenfalls zu weltfremden Träumern macht.
Erich Fromm (1900-80), amerik. Psychoanalytiker dt. Herkunft

Wenn Hochschullehrer reden, reden sie vor allem über sich und ihre akademische Karriere.
Hans Apel (*1932), dt. Politiker (SPD)
Der eigentliche Zweck des Lernens ist nicht das Wissen, sondern das Handeln.
Herbert Spencer (1820-1903), engl. Philosoph u. Sozialwissenschaftler

Der Zweck der Erziehung ist, einen leeren Geist durch einen offenen Geist zu ersetzen.
Malcolm S. Forbes (1920-90), amerik. Verleger

Die Aufgabe der Umgebung ist nicht, das Kind zu formen, sondern ihm zu erlauben, sich zu offenbaren.
Maria Montessori (1870-1952), ital. Ärztin u. Pädagogin

Die deutsche Schule weiß viel, nur von Kindern weiß sie wenig.
unbekannt

Die englische Schulausbildung ist die beste der Welt - falls man sie überlebt.
Peter Ustinov (1921-2004), engl. Schriftsteller u. Schauspieler

Die Gründerväter in ihrer Weisheit entschieden, Kinder wären eine unnatürliche Belastung für ihre Eltern. So sorgten sie für Gefängnisse, genannt Schulen, ausgestattet mit Torturen genannt Erziehung. Schule ist, wohin du in der Zeit gehst, wo dich sowohl deine Eltern als auch die Arbeitswelt nicht nehmen können.
*John Updike (*1932), amerik. Schriftsteller*

Die Schulen sind auch nicht mehr das, was sie einmal waren und nie gewesen sind.
William Penn Adair "Will" Rogers (1879-1935), amerik. Humorist

Du gleichst dem Geist, den du begreifst, nicht mir.
Johann Wolfgang von Goethe (1749-1832), dt. Dichter

Die wichtigste Institution der Gesellschaft neben der Familie ist die Schule, sagte Bill Gates, der reichste Mann der Welt. Der Erfolg gibt ihm Recht.
(Ihre Zukunft, sehr geehrter Herr... kommt erst noch; sie beginnt ab heute nach der Schule.)
Bill Gates (*1955), amerik. Software-Unternehmer, Gründer u. b. 2000 Chairman "Microsoft" Corp.

Heute Nacht hatte ich einen herrlichen Traum, berichtet der Altphilologe. Ich habe Cicero eine Fünf in Latein verpasst.
Unbekannt

Der deutsche Bundestag ist mal voller und mal leerer, aber immer voller Lehrer.
Otto Graf Lambsdorff (*1926), dt. Politiker (FDP),

Die Hauptaufgabe des Lehrers ist es, an die Tür des Geistes zu klopfen.
Rabindranath Tagore (1861-1941), ind. Dichter u. Philosoph, 1913 Nobelpreis für Literatur |

Es gefällt mir kein Stand so gut, ich wollte auch keinen lieber annehmen, als ein Schulmeister zu sein.
Martin Luther (1483-1546), dt. Reformator

Jene Völker, die sich nur Lehrer für 600 Mark leisten können, bleiben so dumm, dass sie sich Kriege für 60 Milliarden leisten müssen.
Christian Morgenstern (1871-1914), dt. Lyriker

Ich habe keine Lehre. Ich zeige nur etwas. Ich zeige etwas an der Wirklichkeit... Ich nehme ihn, der mir zuhört, an der Hand und führe ihn zum Fenster. Ich stoße das Fenster auf und zeige hinaus. Ich habe keine Lehre, aber ich führe ein Gespräch.
Martin Buber (1878-1965), jüd. Religionsforscher u. -philosoph

Man belohnt seinen Lehrer schlecht, wenn man immer sein Schüler bleibt.
Friedrich Nietzsche (1844-1900), dt. Philosoph

Wer den Himmel auf Erden sucht, hat im Erdkundeunterricht geschlafen.
Stanislaw Jerzy Lec, 06.03.1909 - 07.05.1966 polnischer Satiriker

 Für mich gibt es Wichtigeres im Leben als die Schule.
Mark Twain

Wer selber vorzugsweise Erdnuss mampfend vor der Glotze sitzt, kann schlecht ins Kinderzimmer rufen: "Nun lies mal ein gutes Buch!"
Josef Kraus

Die Geschichte ist der beste Lehrer, mit den unaufmerksamsten Schülern
Indira Gandhi

Kinder sind vife Pädagogen
Elisabeth Schöffl-Pöll

Wo Bildung fehlt, tritt Essen an deren Stelle.
Elisabeth Schöffl-Pöll

Nicht allein das ABC
bringt den Menschen in die Höh.
Nicht allein im Schreiben, Lesen
übt sich ein vernünftig Wesen.
Nicht allein in Rechnungssachen
soll der Mensch sich Mühe machen,
sondern auch der Weisheit Lehren
muss man mit Vergnügen hören...
Wilhelm Busch

Aus meiner Schulzeit sind mir nur
meine Bildungslücken geblieben.
Oskar Kokoschka

Maturazeitungen sind Führungszeugnisse für
Lehrer.
Elisabeth Schöffl-Pöll

Nur wer die Lehre fühlt, kann die Leere füllen.
Elisabeth Schöffl-Pöll

Während meines neunjährigen Eingewecktseins an
einem Augsburger Realgymnasium gelang es mir
nicht, meine Lehrer wesentlich zu fördern.
Bertolt Brecht

Was wir wissen ist ein Tropfen, was wir nicht wissen, ist ein Ozean.
Isaac Newton

Für mich gibt es wichtigeres im Leben als die Schule.
Mark Twain

Ein Mathematiker, der nicht irgendwie ein Dichter ist, wird nie ein vollkommener Mathematiker sein.
Karl Weierstraß

Im großen Garten der Geometrie kann sich jeder nach seinem Geschmack einen Strauß pflücken.
David Hilbert

Bildung ist die Fähigkeit, fast alles anhören zu können, ohne die Ruhe zu verlieren oder das Selbstvertrauen.
Robert Frost

Man erstickt den Verstand der Kinder unter einem Ballast unnützer Kenntnisse.
Voltaire

Natürlicher Verstand kann fast jeden Grad von Bildung ersetzen, aber keine Bildung den natürlichen Verstand.
Arthur Schopenhauer

Hört ihr die Farben schreien?
Kunstlehrerin

Leistung allein genügt nicht. Man muss auch jemanden finden, der sie anerkennt.
Marcel Mart

Kinder stecken voller Ideen. Aber nach ein paar Schuljahren ist es vorbei damit, weil man sie in ein Korsett presst, das ihnen nicht liegt.
Artur Fischer

Man braucht zwei Jahre, um sprechen zu lernen und fünfzig, um schweigen zu lernen.
Ernest Hemingway

Der Mensch weiß erst dann, was er leisten kann, wenn er es versucht.
Ugo Foscolo, eigentlich Niccolo Foscolo (1778 - 1827), italienischer Dichter, Romancier und Dramatiker

Eine Investition in Wissen bringt noch immer die besten Zinsen.
Benjamin Franklin

Lehrer = Eine Art Amphibie. Er ist zwar ein Erwachsener, aber er lebt in der Welt des Kindes.
Martinus Jan Langeveld

Je mehr ich lerne, desto mehr weiß ich. Je mehr ich weiß, desto mehr vergesse ich. Je mehr ich vergesse, desto weniger weiß ich.
unbekannt

Pädagogik ist die Kunst, aus Zwergen Durchschnittsmenschen zu machen, die sich für Riesen halten.
*Werner Mitsch (*1936), deutscher Aphoristiker*

Der Unbegabte berechnet seine Leistung nach dem Grad seiner Erschöpfung.
Art van Rheyn

Die mehr leisten als wir, sind durchwegs Verrückte, die weniger leisten, durch die Bank Versager.
*Ernst Ferstl (*1955), österreichischer Lehrer, Dichter und Aphoristiker*

Besoldungsgruppen sind wie Automarken. Sie sagen über die Leistung an sich gar nichts aus.
*Hermann Lahm (*1948), Texte in Gedichtform, Prosa, Aphorismen*

Zwar weiß ich viel, doch möcht' ich alles wissen.
Johann Wolfgang von Goethe

Jeder Idiot kann etwas wissen. Entscheidend ist das Verständnis.
Albert Einstein

Wahrlich, es ist nicht das Wissen, sondern das Lernen, es ist nicht das Besitzen, sondern das Erwerben, es ist nicht das Dasein, sondern das Hinkommen, was den großen Genuss gewährt.
Carl Friedrich Gauß

Seit die Mathematiker über die Relativitätstheorie hergefallen sind, verstehe ich sie selbst nicht mehr.
Albert Einstein

Mach' dir keine Sorgen wegen deiner Schwierigkeiten mit der Mathematik. Ich kann dir versichern, dass meine noch größer sind.
Albert Einstein

Zu verlangen, dass einer alles, was er je gelesen, behalten hätte, ist wie verlangen, dass er alles, was er je gegessen hat, noch in sich trüge.
Arthur Schopenhauer

40 Prozent der deutschen Lehrer sind über 50 Jahre und älter. Was soll man auch sonst mit alten Lehrern machen? Es kann ja nicht jeder „Wetten, dass...?" moderieren.
Harald Schmidt

Der Mensch wird frei geboren und dann eingeschult.
unbekannt

In der Schule fühle ich mich wie auf einem Polizei-
revier: ich werde andauernd ausgefragt.
unbekannt

Über Leistungsdruck reden bei uns vor allem die
Leute, die ihm nicht ausgesetzt sind.
Kurt Sontheimer

Man spricht oft von der Schule, aber wenn man
drinnen sitzt, hat man plötzlich nichts mehr zu sagen.
unbekannt

Lernen ist wie Rudern gegen den Strom. Sobald
man aufhört, treibt man zurück.
Benjamin Britten

Die schlechtesten Schüler machen immerhin die
besten Fehler.
Gerd vom Bruch

Gehet hinaus und vermehret euch, die Bevölkerung
stirbt aus!
Erdkunde-Lehrer

Die NATO schickt Truppen nach Mazedonien. Sie
sollen der Untergrundarmee UCK die Waffen ab-
nehmen. Bei uns machen so etwas die Lehrer.
Harald Schmidt

Wer in der Schule richtig gut war, der war eine Streber-Sau. Und die am schlechtesten waren, sind heute wieder Lehrer.
Dieter Nuhr

Jetzt hacken wieder alle Zeitungen auf den dummen Schülern herum. Das muss sie doch verletzen - wenn sie es lesen können.
unbekannt

Idiotentest - viele haben gedacht, das ist das Abitur in Nordrhein-Westfalen.
Harald Schmidt

Der Lehrermangel ist inzwischen so groß - viele Schülerinnen können schon die Pille absetzen.
unbekannt

In Bremen ist das schulische Niveau so weit heruntergeschraubt, da haben die Gymnasien schon den gleichen Lehrplan wie die Baumschulen.
Richard Rogler

Wer nicht richtig faulenzen kann, kann auch nicht richtig arbeiten.
unbekannt

Die Schule sollte es sich zum Ziel setzen, den jungen Menschen als harmonische Persönlichkeit und nicht als Spezialisten zu entlassen.
Albert Einstein

Unser Wissen ist nicht vorhanden, wenn es nicht benutzt wird.
Igor Strawinsky

Die Voraussetzung für Wissen ist die Neugier.
Jacques Cousteau

Erziehung ist Beispiel und Liebe, sonst nichts.
Friedrich Fröbel (1782-1852), dt. Pädagoge, 1837 Gründer d. ersten Kindergartens |

Erziehung ist die organisierte Verteidigung der Erwachsenen gegen die Jugend.
Mark Twain (1835-1910), eigtl. Samuel Langhorne Clemens, amerik. Schriftsteller

Alle Erziehung ist nur Handreichung zur Selbsterziehung.
Eduard Spranger (1882-1963), dt. Philosoph u. Pädagoge

Am besten ist die Erziehung, die man nicht merkt.
(La meilleure éducation est celle dont on ne s'aperçoit pas.)
André Malraux (1901-76), frz. Politiker, Schriftsteller u. Kritiker

Bei der Erziehung muss man etwas aus dem Menschen herausbringen und nicht in ihn hinein.
Friedrich Fröbel (1782-1852), dt. Pädagoge, 1837 Gründer d. ersten Kindergartens

Bevor ich heiratete, hatte ich sechs Theorien über Kindererziehung. Jetzt habe ich sechs Kinder und keine Theorie.
John Wilmot, Earl of Rochester (1647-80), Dichter

Das Ziel der Erziehung ist, ein Individuum mit der Menge an Neurosen zu beladen, die es gerade noch ertragen kann.
Wystan Hugh Auden (1907-73), engl. Dichter

Denn wir können die Kinder nach unserem Sinne nicht formen: So wie Gott sie uns gab, so muss man sie haben und lieben, sie erziehen aufs Beste und Jeglichen lassen gewähren.
Johann Wolfgang von Goethe (1749-1832),

Die Hälfte des Lebens verbringt der Mensch damit, die falschen Vorstellungen seiner Vorfahren loszuwerden; die andere damit, seinen Kindern falsche Ansichten beizubringen.
Winston Spencer Churchill (1874-1965), brit. Staatsmann; 1940-45 u. 1951-55 Premier, 1953 Nobelpr. f. Lit.

Eines wissen alle Eltern auf der Welt: wie die Kinder anderer Leute erzogen werden sollten.
Alice Miller (*1923), Schweizer Psychoanalytikerin u. Schriftstellerin

Es hat keinen Sinn, Kinder zu erziehen, sie machen sowieso alles nach.
Unbekannt

Die Erfahrung lässt sich ein furchtbar
hohes Schulgeld bezahlen.
Doch sie lehrt wie niemand sonst!
Thomas Carlyle

Man kann einen Menschen nichts lehren, man kann
ihm nur helfen, es in sich selbst zu entdecken.
Galileo Galilei, 15.02.1564 - 08.01.1642

Es kann nicht früh genug darauf hingewiesen werden, dass man die Kinder nur dann vernünftig erziehen kann, wenn man zuvor die Lehrer vernünftig
erzieht.
Erich Kästner

Vorteile einer Schulkleidung?

*Der Zwang zum Tragen von teurer Markenkleidung schwindet.
*Alle Kinder tragen Kleidung derselben Qualität, derselben Farben und Formen. Soziale Unterschiede sind nicht mehr so offensichtlich und es entfallen viele Anlässe zu Hänseleien und Ausgrenzungen.
*Die Kinder tragen „robuste Kleidung", die das Spielen auf dem Natur-Schulhof unterstützt.
*Durch die restlichen Kleidungsstücke (Rock oder Hose) und zusätzliche Accessoires kann jedes Kind seine „persönliche Note" bewahren.
*Die eingeschränkten Wahlmöglichkeiten vereinfachen den Entscheidungsprozess: Was ziehe ich heute an? / Was möchte ich auf gar keinen Fall anziehen?
*Eine einheitliche Kleidung fördert den Gemeinschaftssinn und die Identifikation mit der eigenen Schule
*Qualitativ hochwertige Kleidung kann kostengünstig (als Sammelbestellung) über die Schule bezogen werden. Die Eltern haben keine Arbeit mit der Beschaffung der Schulkleidung.
*Auch im Freizeitbereich kann die Schulkleidung getragen werden
*Nicht mehr passende Kleidungsstücke können an andere Familien weiter gegeben werden. (Second-Hand-Verkauf am Schuljahresende)

Über die Schule

Eine Geringschätzung
(von Othmar Wagner, aus Junge Literatur '80)

Chaplin konnte nie eine Schule besuchen
und Mark Twain drückte sich vor ihr.
Rousseau bildete sich selbst fort
während der Musterschüler Kant
mit Schrecken und Bangigkeit
jener "Jugendsklaverei" gedachte.
Gerhard Hauptmann hielt man für dumm
well er zweimal sitzenblieb.
Baudelaire verwies man
wegen "undisziplinierten Verhaltens"
und Schopenhauer schrieb ein Spottgedicht.
Auch dem jungen Brecht drohte die Relegierung.
(es gelang ihm übrigens nicht
seine 'Lehrer wesentlich zu fördern.
G. B. Shaw konnte nicht lernen
was ihn nicht interessierte
(sein Bildungsweg wurde nur durch
den Schulbesuch unterbrochen).
Selbst Adenauer mogelte sich durchs Abitur
(wie viele andere auch).
Richard Wagner hingegen
wurde ohne Reifezeugnis entlassen.
Später "Genie des Jahrhunderts" genannt,
quälte Einstein sich ab mit der Schule.
So verzweifelte Hesse, und so aucb
schätze ich sie gering.

Schulschwänzen

Es ist dies fast ein Volkssport. Hauptsächlich im Alter 14 bis 16 Jahre.
Die Gründe:
Mutprobe,
Schulangst,
für gute Schüler Zeichen eines Protestes, weil ihm der Unterricht zu fad ist,
Überforderung bei schlechten Schülern, ...

Oft fördern auch die Eltern das Schulschwänzen. Sie verlängern eigenmächtig die Ferien, um rechtzeitig in den Urlaub fahren zu können. Oft sind preiswerte Flüge der Grund oder der Chef wollte den Urlaub nicht pünktlich zur Ferienzeit genehmigen. Am häufigsten werden Ferien zu Ostern, Pfingsten oder Weihnachten so verlängert.
Die Eltern stellen nicht den notwendigen Antrag bei der Schule um freie Tage, weil der Schuldirektor bei besonderen Gründen schon einmal einige Tage frei geben darf. Ein Urlaub ist aber sicher kein ausreichender Grund. So melden die Eltern ihren Nachwuchs lieber krank. Die Schule weiß, dass dies nicht stimmt. Es sind ihr aber die Hände gebunden.
Dieses Schulschwänzen mit elterlicher Duldung ist aber auch aus pädagogischen Gründen inakzeptabel. Es wird damit den Kindern vermittelt, dass die Schule nicht so wichtig sei und der Urlaub Vorrang habe. Das ist problematisch, weil die Kinder damit in eine missliche Lage kommen. Sie müssen vor ih-

ren Klassenkameraden und vor den Klassenlehrern vorgaukeln, sie wären krank gewesen. Dabei wollen sie stolz und braungebrannt vom tollen Urlaub erzählen.

Oder wie redet sich eine Siebenjährige heraus, wenn der Lehrer fragt, ob sie auf der Beerdigung ihrer Oma geweint hat, während die Oma quicklebendig zu Hause sitzt.

Untersuchungen zeigen, dass etwa jeder fünfte Schüler schon einmal die Schule geschwänzt hat. Manche kommen zwei Stunden später erst, oder sie hauen nach einigen Unterrichtsstunden ab.

Dabei wissen auch die Schüler, dass Schule wichtig ist und weichenstellend für den weiteren Lebensweg, dass man ohne gute Ausbildung gar kein so cooles Leben mehr hat.

Lehrerwitze

Der Lehrer erklärt: "Nichts ist flüssiger als Wasser".
"Doch die Hausaufgaben" sagt Lisa.
"Warum" fragt der Lehrer.
"Sie sind überflüssig" antwortet Lisa.

Fragt Fritzlein die Lehrerin: „Wird man eigentlich für
etwas bestraft, dass man gar nicht gemacht hat?"
„Natürlich nicht Fritzlein!" „Puuuh! Ich hab nämlich
meine Hausaufgaben nicht gemacht!"

Der Lehrer erklärt etwas. Ruft ein Schüler: "Lauter!!" "Entschuldigung", meint der Lehrer: "Ich
wusste nicht, dass mir jemand zuhört"

Jonas geht zur Französischlehrerin und sagt: "Ich
habe heute das erste Mal französisch geträumt!"
Die Lehrerin freut sich und fragt: "Ja um was ist es
da gegangen?" Jonas: "Keine Ahnung, ich habe kein
Wort verstanden!!!"

Der Schuldirektor zu der neuen Lehrerin: "Na, wie
ist denn die Arbeitsmoral in der 4. und 5. Klasse?" -
"Wie bei Robinson", meint die Lehrerin, "warten auf
Freitag!"

Der Doktor fragt den Patienten: "Reden Sie, wenn
Sie schlafen?
"Nein, ich rede, wenn die anderen schlafen. Ich bin
Lehrer."

Die hübsche Schülerin zum Lehrer: "Glauben Sie mir, ich würde wirklich alles tun, um die Klasse zu bestehen!"
Der Lehrer hakt nach: "Wirklich alles?"
Sie beugt sich zu ihm und haucht: "Ja, alles!"
Lehrer: "Würdest Du auch lernen?"

Drei Männer sitzen in einem Heißluftballon. Nach einiger Zeit stellen sie fest, dass sie sich verirrt haben. Einer lehnt sich über den Rand des Korbes und schreit: "Hallo! Wo sind wir?"
Nach einer viertel Stunde kommt eine Antwort "Im Korb eines Ballons!". Daraufhin meint einer der Männer "Dies war mit Sicherheit ein Mathematiker!" Verwundert fragen die anderen "Woher willst Du das wissen?". Daraufhin antwortet der erste: "Aus drei Gründen. Erstens hat er lange gebraucht, zweitens war seine Antwort absolut richtig und drittens absolut wertlos."

Eine Mutter hatte plötzlich Schwierigkeiten mit ihrem Sohn. Er wollte nicht aufstehen und zur Schule gehen! "Bist du krank?" fragte die Mutter. "Nein", kam unter der Bettdecke die dumpfe Antwort: "… Sie hassen mich. Sie geben mir Spitznamen. Sie machen sich über mich lustig. Warum also sollte ich da noch hingehen?" - "Ich kann dir zwei gute Gründe nennen", entgegnete die Mutter: Du bist jetzt 44 Jahre alt und du bist der Schulleiter!"

Bücher aus unserer „Edition Dichtermühle"

ÖSTERREICH € 0.55

Elisabeth Schöffl-Pöll:
Räuberhauptmann Grasel/Volksballade/Mundart/€ 12
Ein Kind vom Manhartsberg/Erzählungen/€ 15
allESPalette/Weinviertler Lesebuch + CD/€ 25
*Seit Wilhelm Szabo sind die Freiheit im Dorf und die Dorf
angst nicht mehr so eindringlich ins Bild gefasst worden.
Paul Wimmer zu Klatschmohn rot rot rot/NÖ Kulturberichte.*

Otto J. Schöffl:
Mühlen im Wandel am Beispiel Schmidatal/€ 28
Mühlen im Wandel am Beispiel Göllersbach/€ 28
Mühlen im Wandel am Beispiel Pulkautal/€ 28
Weinseligkeiten (Weinsprüche)/€ 10
Geld regiert die Welt (Geldsprüche)/€ 10
Liebesleitfaden(Sprüche zu Partnerschaft und
Ehe)/€10
Reisen ist Leben wie Leben Reisen ist / € 10
*Der Hollabrunner „Mühlenprofessor" hat sich auf Spurensu-
che begeben und unter der Headline„Mühlen im Wandel"
schon eine reich bebilderte Trilogie über die einst so roman-
tisch klappernden Mühlen an den Bächen im Weinviertel ver-
fasst. Gunter Hirschkorn*

Bücher erhältlich:
EDITION DICHTERMÜHLE
Waldweg 37, A 2020 Hollabrunn,
Tel/Fax 02952/30024
schoeffl.dichtermuehle@aon.at